名古屋おいしい店
カタログ

朝日新聞出版

目次

COLUMN

本書の使い方

- 本書は、厳選した名古屋のグルメを、ロケーション・朝ごはん・昼ごはん・夜ごはん・おやつなどテーマ別に分けて紹介しています。目次を参照して、目的のグルメのカテゴリーのページを開いてみてください。
- 料金は基本的に税込みで記載していますが、一部税別表示をしている場合があります。※サービス料が発生する場合もあり
- 定休日は、原則としてGW、お盆、年末年始を除く定休日のみ表示しています。詳細は各店舗にお問い合わせください。

OUDOU Gourmet
地元民に愛され続ける名物唐揚げ
手羽先
TEBASAKI

名古屋人のソウルフード
甘辛タレの元祖手羽先

元祖 手羽先唐揚1人前550円〜。白ごまがかかり、手羽の先の部分がなくて食べやすい

手羽先の中に餃子の具！
手羽先ぎょうざ825円

とり皮ぎょうざ715円。
パリパリの鶏皮がうまい

若鶏の半身を丸ごと揚げたターザン焼き1078円

❶ 040
風来坊
名駅センチュリー
豊田ビル店

名古屋を中心に全国に暖簾分け店を持つ「風来坊」。創業者の大坪健庫氏が、当時、スープの材料程度にしか使わなかった手羽先を素揚げし、秘伝のタレをつけたのが、名古屋名物・手羽先唐揚の始まりだ。パリッとジューシーな揚げたてをぜひ！

❷ 名駅 ふうらいぼう
めいえきセンチュリー
とよたビルてん
052-212-8832（予約可）
32席
名古屋市中村区名駅4-9-8 名駅センチュリー豊田ビルB1F／15:30〜22:30／日曜休（第3日曜は営業）／各線名古屋駅7番出口から徒歩5分

❸

044

❶ 店名

紹介している料理が食べられる店舗を表記

❷ 店舗情報

上からエリア名、電話番号、予約可否、席数、住所、営業時間、定休日、アクセスを記載

❸ 店舗アイコン

- 最寄り駅から徒歩10分以内
- 店専用の駐車場あり（有料の場合もあります）
- テイクアウト可能なメニューあり
- Facebookアカウントあり
- Instagramアカウントあり

※本書に掲載したデータは2021年1〜2月の取材調査に基づくものです。店舗やメニュー、商品の詳細については変更になる場合がありますので、あらかじめご了承ください。

※テイクアウト商品の紹介のものは税率が8%に変わるのでご注意ください。

※原則として通常営業時の情報を記載しています。営業時間などは新型コロナウイルスの影響により、流動的であり、変更になる可能性があります。詳細は各店舗の公式HP、SNSなどでご確認ください。

※本誌に掲載された内容による損害等は弊社では補償しかねますので、あらかじめご了承ください。

NO. 001→021

CHAPTER 1

NAGOYA
ニュースポット

NAGOYA

ニュー
スポット

1

名古屋テレビ塔

名古屋のシンボルがリニューアルしてパワーアップ

高さ180mを誇る
ランドマーク！

スカイバルコニー

地上100mに位置する屋外展望台。直接風を感じながらのびのびと景色を楽しめる

スカイデッキ MIRAI360

名古屋の景色を一望できる屋内展望台。夜の景色は日本夜景遺産にも認定されている

P.8

4F THE TOWER HOTEL NAGOYA glycine

テレビ塔の駆体部分などを生かしたホテルとイノベーティブ・フュージョンレストランがIN

P.9

3F base lab. 名古屋テレビ塔店

最先端マシンで淹れるコーヒーや、音楽クリエイターによるサウンドを楽しめる

P.9

1F Farm &

昼間はコーヒーやホットドッグ、夜は本格料理を味わえるカジュアルダイニング

1. 展望台から眺められる名古屋の街の景観　2. 1階のFarm&ではダイニング料理を味わえる　3. 斬新でモダンな空間が広がるホテルエントランス 4. 夜の幻想的な夜景も必見

１９５４年の誕生以来、名古屋のランドマークとして親しまれてきた名古屋テレビ塔。２０１９年１月より、誕生後初めて全体改修工事を実施し、20年９月にリニューアル。生まれ変わった名古屋テレビ塔は、スタイリッシュなレストランやカフェなどが仲間入りしたほか、日本初となるテレビ塔内のホテルが誕生。また、これまでナトリウム灯だったライトアップの照明が１６７０万色の光を放つＬＥＤ照明に変更され、季節やイベントに合わせて変わる照明と映像による演出もスタート！　一日中楽しめる新たな観光スポットとして注目を集めている。

(久屋大通) **なごやテレビとう**　※2021年5月1日より「中部電力 MIRAI TOWER」に名称変更

052-971-8546

展望台入場料大人900円、小中学生400円

名古屋市中区錦3-6-15先／10:00～21:00（土曜は～21:40、最終入場は各20分前）／地下鉄久屋大通駅4B出口から徒歩2分

陶芸家の器に盛られる芸術的な一品に感動

1.

2.

002
glycine

名古屋の実力派フレンチ店が移転オープン。料理は地元が誇る窯元の器をキャンバスに、美食の宝庫といわれる東海三県の旬の食材を盛り込んだ芸術的な創作フレンチ。木目を基調とした和モダンな空間も居心地のよさを演出。ランチは5500円～、ディナーは8800円～（各サ料別）。

3.

1. 泡状のソースが決め手のフォアグラのポワレ　**2.** 旬の魚介を低温調理で仕上げる魚料理　**3.** 根菜などをカリッと揚げたクロッカン
※料理はすべてイメージ

グリシーヌ
052-953-4454〈予約可〉　42席
THE TOWER HOTEL NAGOYA4F ／11:30～14:30（LO13:00）、17:00～22:00（LO20:00）／無休

003
Farm&

オープンエアが心地よい 都会のカジュアルダイニング

歴史ある地元焙煎工場で香り豊かに焙煎されたコーヒーや10種類あるホットドッグをアートな空間で満喫できる。ディナーはDJブースが登場し、肉料理やアルコールを楽しめるダイニングに一変。ソファが置かれたテラス席も自慢のスペース。

1. 居心地抜群のテラス席　**2.** 20種のフリードリンクが付いたおまかせシェアプラン5500円

ファームアンド　052-953-4451〈ディナーのみ予約可〉　60席

THE TOWER HOTEL NAGOYA 1F／ランチタイム10:00～17:00、ディナー17:00～23:00(LO 22:00)／名古屋テレビ塔に準ずる

本格的なラテアート

004
base lab. 名古屋テレビ塔店

耳から癒しを与える 新感覚音響カフェ

コーヒー、空間、サウンドのプロフェッショナルがプロデュースしたオンリーワンのカフェ。洗練されたデザイナーズ空間は、耳から癒しを与える立体音響を備えた環境で、最先端のマシンで淹れる自社焙煎のコーヒーやスイーツなどを味わえる。

1. テレビ塔の下に広がる公園などを眺められる窓際席　**2.** スタイリッシュな店内には著名な音楽クリエイターによるサウンドが心地よく流れる

ベース ラボ なごやテレビとうてん
052-961-5750〈予約不可〉
35席

名古屋テレビ塔3F／10:00～21:00（土曜は～21:40、LO各30分前）／名古屋テレビ塔に準ずる

NAGOYA

ニュー
スポット

2 Hisaya-odori Park

最先端な都会のオアシスが誕生！

長い歴史を持つ久屋大通公園がまったく新しい姿に大変身。名古屋テレビ塔を中心に南北にわたる約１㎞のエリアが整備され、コンセプトの異なる４つのゾーンが登場。イベントなども行われる広々とした芝生広場のほか、グルメやファッション、スポーツなど多彩なジャンルのショップ35店舗がお目見え。中には名古屋初進出のテナントも多く、新たなトレンドを発信するスポットとして、オープン以来多くの人で賑わっている。夜のライトアップも必見。

芝生の上で思い思いの時間を

緑豊かな小径に人気ショップが点在

©2021 Peanuts Worldwide LLC

ZONE 1

最北部にあるエリア。「ケヤキヒロバ」「シバフヒロバ」と呼ばれる広大な広場が特徴で、チェアリングやピクニックなどにもおすすめ

ZONE 2

橋や階段、緑に囲まれた小径が続き、軽井沢の人気カフェ「ELOISE'S Cafe」やスヌーピーでおなじみの「PEANUTS Cafe」などショップが点在

アウトドアとスポーツがテーマ

注目店が集まるシンボルゾーン

ZONE 3

テレビ塔のふもとに位置し、芝生が一面に広がるエリアには卓球を楽しめる「T4 NAGOYA」のほか、スポーツ、アウトドア関連のショップが立つ

ZONE 4

全長80mの大きな水盤が設けられた異国情緒漂うシンボルゾーン。ショップ数も最多で、名古屋初進出の話題店、人気店の新業態など多彩

久屋大通 **ヒサヤオオドオリ パーク**

052-265-5575

名古屋市中区丸の内3丁目、錦3丁目 ほか／入場は24h／無休／地下鉄久屋大通駅2A出口、栄駅、名鉄瀬戸線栄町駅から徒歩1分

店舗で仕込んだ糀を使うヘルシー料理

日本酒に合う日替りの品が並ぶ肴5種盛り合わせ1210円

006

糀 MARUTANI

愛知県を代表する蔵元「関谷醸造」が母体。店舗に麹室《こうじむろ》を併設しており、洗いから蒸し、盛り、出麹《でこうじ》の作業を4日かけて行っている。その糀を使った料理や甘酒が自慢で、料理には蔵のある三河の食材をふんだんに使用。ほかでは味わえないオリジナルのCRAFT SAKEも味わいたい。

日本酒サーバーでは、蔵元から直送されるフレッシュなCRAFT SAKEを堪能できる

木の温もりが感じられる店内。関谷醸造のほとんどの日本酒をラインナップ

久屋大通

こうじマルタニ

052-211-9200〈予約可〉

50席

Hisaya-odori Park ZONE2／11:00～15:00(LOフード14:00、ドリンク14:30)、17:00～23:00(LOフード22:00、ドリンク22:30)／無休／地下鉄久屋大通駅3A出口から徒歩2分

© 2021 Peanuts

1. ジグザグ模様のあんバターチュロドック1080円　**2.** 店内はPEANUTSの世界観
3. スヌーピー's GOOD DAY レモネード600円

007
PEANUTS Cafe 名古屋

名古屋店限定のメニューにも注目

コミック「PEANUTS」をテーマとした、中目黒が本店のカフェ。名古屋ならではの食材を使ったメニューや、公園でも楽しめるテイクアウト品、限定グッズも充実している。

（久屋大通）
ピーナッツ カフェ なごや
052-211-9660〈予約可〉
112席

Hisaya-odori Park ZONE2 ／ 11:00 ～ 22:00(LO21:00、土・日曜、祝日は10:00～)／不定休／地下鉄久屋大通駅2A出口から徒歩1分

韓国生まれのゴージャスパフェ

008
Cafe de paris 久屋大通店

1.

SNSで評判のフォトジェニスイーツ

「韓国No.1カフェ」の称号を得た店が名古屋に初上陸。看板商品はフルーツを贅沢に使用したパフェ、ボンボン。ヨーグルトを配合した低カロリーなホイップも女性に人気の秘密。

1. ボンボン各種1540円～　**2.** テイクアウト限定のメニメニフルーツサンド560円～　**3.** 店内にはエッフェル塔が

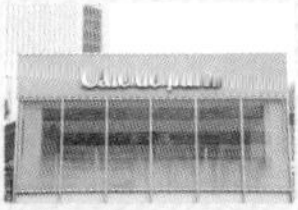

（栄）**カフェ ド パリ ひさやおおどおりてん**
052-211-9670〈予約不可〉　**63席**

Hisaya-odori Park ZONE4 2F ／11:00～21:00 (LO20:30) ／不定休 (Hisaya-odori Parkに準ずる)／地下鉄栄駅4番出口から徒歩2分

NAGOYA

1スポット

3 SAKUMACHI商店街

高架下がハイセンスな商店街へと劇的変化！

1. 高架下にはバラエティ豊かな感度の高いショップがズラリ　2. 中にはおでんや串カツが名物の大衆的な店も

これまでパーキングや空き地となっていた名鉄瀬戸線尼ケ坂駅から清水駅にかけての全長約500mにわたる高架下に、さまざまなショップ21店舗が集結。カフェやレストランのほか、レコードショップ、ライブハウス、スポーツショップ、美容室、学童保育などさまざまな人が集う施設が並び、カルチャースポットとしても利用できる。2020年度にはグッドデザイン賞を受賞。商店街沿いには桜並木が続き、春はお花見スポットにおすすめ。

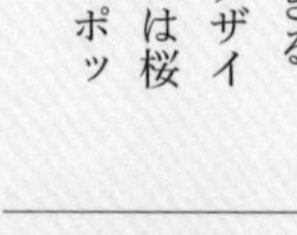

(尼ケ坂〜清水) サクマチしょうてんがい

店舗により異なる

名古屋市北区大杉一丁目・清水二丁目／店舗により異なる／店舗により異なる／名鉄尼ケ坂・清水駅からすぐ

010
favore

ショップも併設する チーズ料理専門店

本格チーズと有機野菜にこだわったメニューがそろう。店内入り口にはチーズショップがあり、ショーケースの中には日本ではあまり目にすることのないようなチーズも。

清水

ファヴォーレ
052-325-5270
〈予約可〉 38席

名古屋市北区大杉町1-1-7／11:00～22:00 (LO21:00、ランチ～14:00、ティータイム14:00～17:00、ディナー17:00～)／火曜休／名鉄清水駅から徒歩2分

1. ハチミツをかけていただくチーズピッツァ1738円　**2.** 石焼きチーズリゾット1540円

011
べに屋 清水店

昼飲みも楽しめる 庶民派居酒屋！

串カツやおでん、どて煮が名物の庶民派酒場。ドリンク2杯に串カツ5本など6種類から1品選べるつまみ、通常200円の席料がセットになったせんべろセットはお得感満点。

清水

べにや しみずてん
052-908-4415
〈予約不可〉 約70席
(テラス席を含む)

名古屋市北区清水2-5-9／11:30～23:00 (LO22:00)、テラス席～22:00 (LO21:30)／無休／名鉄清水駅から徒歩1分

1. ほとんどの客がオーダーするせんべろセット1000円　**2.** 1本1本手打ちする串カツ90円は揚げたてを食べられる

4 ほぼ栄駅一番出口のれん街

錦三にレトロで賑やかな横丁が誕生！

1. すべての店が2階建てになっていて、2階席から眺める風景も横丁の臨場感満点　2.3. レトロなネオンライトや看板、装飾などで昭和の横丁の雰囲気を再現

夜の繁華街の代表格「錦三」にノスタルジックなのれん街が登場。ビル内を突き抜ける全長70mの通路に個性豊かな11店の飲み喰い処が集結し、賑わいを見せている。東京で人気の焼鳥店がプロデュースした店や、アジア料理の屋台、牛タン専門店などバラエティ豊かな店が並び、一軒一軒ハシゴ酒するのが楽しい。さらに上階には、ビリヤード、ダーツ、カラオケなどが楽しめるエンターテインメント空間があり、大人の遊び場としても重宝されている。

栄

ほぼさかええきいちばんでぐちのれんがい

☎店舗により異なる

名古屋市中区錦3-17-5 EXIT NISHIKI／店舗により異なる／無休／地下鉄栄駅1番出口からすぐ

ロッキー唐揚げ879円は特大の唐揚げが15個も！

にほんえいこうさかば ロッキーカナイ
052-253-5273〈予約可〉　28席
15:00〜翌3:00（LO翌2:00）／無休

013
日本栄光酒場 ロッキーカナイ

世界中の旨い料理が集まる大衆肉酒場

「ジャンルにかかわらず世界中の旨いものを集める」のがコンセプトで、普通の居酒屋とは違った個性派メニューがそろう。

＼好みの辛さを選べる！／

2.

1.

1.かちてば1本99円（税別）
2.親鶏煮込み690円（税別）

014
わんこ手羽と親鳥のお店 かちてば

弾力のある親鶏とわんこ手羽先が自慢

わんこそばのようにストップをかけるまで次々と提供されるわんこ手羽先と、歯応えと旨みが特徴の親鶏を使った料理がメイン。

わんこてばとおやどりのおみせ かちてば　052-265-5668〈予約可〉　約30席
16:00〜翌1:00（金曜、祝前日は〜翌5:00、土曜は15:00〜翌5:00、日曜、祝日は15:00〜翌1:00）／無休

015
まぐろ専門酒場 マグロ大使

希少な部位もそろうマグロ料理専門店

刺身や寿司はもちろん、マグロ焼肉が一番の自慢。ほかでは滅多に見られない希少部位などさまざまな部位のマグロ焼肉を楽しめる。

まぐろせんもんさかば マグロたいし
052-253-6732〈予約可〉　29席
17:00〜翌5:00（日曜は15:00〜23:00）／不定休

＼あれこれ食べ比べ／

1.

1.寿司全部盛り850円（2人前）2.焼肉おまかせ盛り1180円

2.

NAGOYA

ニュースポット

5 VERMICULAR VILLAGE

バーミキュラのすべてを体感できる複合施設

1. ショップではバーミキュラのすべてのラインナップを販売　**2.** オーバル型やミニサイズなどビレッジ限定品やオリジナルコラボアイテムも並ぶ

中川運河沿いにオープンした「最高のバーミキュラ体験」をテーマにした体験型複合施設。施設は「スタジオエリア」と「ダインエリア」に分かれていて、スタジオエリアにはフラッグシップショップを中心に、ものづくり体験や料理教室を行う施設が。ダインエリアはバーミキュラを使った料理を味わえるレストランとバーミキュラで焼き上げるパンが並ぶベーカリーカフェからなっており、世界から注目を集めるバーミキュラの魅力を存分に体感することができる。

山王　**バーミキュラ ビレッジ**

052-746-3330(バーミキュラ フラッグシップショップ)

名古屋市中川区舟戸町2 運河沿い スタジオエリア／10:00～19:00（土・日曜、祝日9:00～）／水曜休／名鉄山王駅から徒歩15分

1.

017
VERMICULAR POT MADE BAKERY

特製バーミキュラを使ったパンがズラリ

直径10cmの専用鍋で1個1個焼き上げる丸型パンなど、ベーカリー専用に開発したバーミキュラで焼くパンが並ぶ。どれもバーミキュラならではの絶妙な食感を楽しめる。

香ばしい香りが広がるベーカリー

2

1. 丸型パンは約10種類以上。イートインも可能
2. 食パン専用に鋳物ホーロー製の型を開発

バーミキュラ ポット メイド ベーカリー
052-355-6801〈予約不可〉 78席
名古屋市中川区舟戸町4 運河沿い ダインエリア／10:00～18:00／水曜休

ランチの煮込み料理の一例。内容は季節で異なる

018
VERMICULAR RESTAURANT THE FOUNDRY

すべての料理にバーミキュラを使用

運河の美しい景色を眺めながら、素材本来の味を生かした本格的なバーミキュラ料理を楽しむことができる。ランチでは、ライスポットで炊いた炊きたてのライスがセット。

バーミキュラ レストラン ザ ファウンダリー
052-355-6800〈予約可〉 74席
名古屋市中川区舟戸町4 運河沿い ダインエリア／11:00～14:00 (LO14:00)、17:30～22:00 (LOフード21:00、ドリンク21:30)、日～火曜のディナー～21:00 (LOフード20:00、ドリンク20:30) ※時短営業の場合あり／水曜休

1

2.

1. バーミキュラを使い、シェフが極上の一品に仕上げる　2. 店内はモダンな空間で中川運河を眺めることも。テラスも完備

NAGOYA ニュースポット

6 BINO栄

「美と健康」がテーマの施設が栄のど真ん中に！

栄の中心部に誕生した商業施設は地下2階から地上5階部分に16店舗を展開。名古屋初出店となるハイブランドが店舗を構えるほか、「ソニーストア」が移転リニューアル。地下フロアには名古屋めしのテナントが入り、幅広い層が利用できるショップ構成が魅力だ。

栄 ビーノさかえ

店舗により異なる

名古屋市中区錦3-24-17／店舗により異なる／無休／地下鉄栄駅・栄地下街直結

020
山本屋本店 栄店

味噌煮込うどん1078円。硬めの麺は噛むたびに旨みが広がる

長年愛されてきた老舗の味噌煮込み

創業100年以上になる味噌煮込みうどん専門店。2種類の味噌にダシを効かせた特製スープと、伝統的な手打ち麺が特徴で、スープは飲み干せるほどやさしい味。

やまもとやほんてん さかえてん

052-211-9029〈予約可〉 41席

BINO栄B1F／11:00～22:00(LO21:30)／無休

021
うなぎ四代目菊川 栄店

味にも大満足な
絶品鰻

肉厚でジューシーな鰻が特徴の一本重4950円

丸ごと1本の鰻が満足度大！

鰻卸問屋が手掛ける鰻処。贅沢に鰻を丸ごと1本食べられる「一本うなぎ」が名物。太さも大きさも妥協を許さず、厳選した鰻を使うのがこだわりだ。

うなぎよんだいめきくかわ さかえてん　052-962-9991〈予約可〉 24席

BINO栄5F／11:00～15:00、17:00～22:00／無休

NO. 022→030

CHAPTER 2

ツウなあの人の
偏愛グルメ3

NAGOYA GOURMET CATALOGUE
THE BEST SELECTION
160

最旬
和グルメ
3軒

RECOMMENDER

nagoya.mさん

名古屋を中心に話題の店を食べ歩く、フォロワー数11万人超えのインスタグラマー。好物はフルーツと肉料理。フルーツ大福専門店「Mの大福」のプロデュースも担当。

賑やかな酒場が軒を連ねる「駅前横丁」にある立ち食い寿司店。大将は東京や名古屋の名店で腕を磨いてきた逸材で、その経験を生かした本格的な江戸前寿司を堪能できる。マグロは基本的に高級店と同じ国産本マグロ、シャリは2種類の赤酢をブレンドするなど、ネタのクオリティや丁寧な仕事が光る。そ

偏愛 GOURMET

1軒目

江戸前寿司をカジュアルに
立ち食い寿司 極

ネタの一つ一つに繊細な仕事が感じられる極上の味わい。気軽に立ち寄れる立ち食いのスタイルも魅力です！

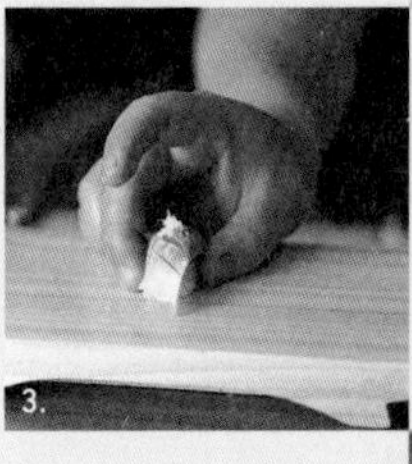

1.2. 手間暇をかけた江戸前寿司10貫と巻き物、玉子焼き、赤だしがセットのおまかせコース　3. 食べるペースに合わせ提供される握り。シャリは小さめなのでいくつでも食べられる　4. 店主の目利きとツテで仕入れる、その時期最高のネタ

ネタは全国各地の最高の素材を厳選

YUM!

名駅

たちぐいずし きわみ

052-551-1766〈予約可〉
なし（7席相当）

名古屋市中村区名駅4-22-8 駅前横丁ビル1F／11:30～14:00、17:30～LO22:00（最終入店21:30）／月曜、第2・4日曜休／各線名古屋駅から徒歩8分

れにもかかわらず、通常の寿司店では1万円ほどかかりそうな内容のおまかせコースが4500円（税別）という素晴らしいコストパフォーマンスぶり。単品注文でも1貫200円（税別）〜という良心価格だ。豊洲から仕入れるウニも自慢で、ウニの食べ比べ（時価）も通の間で評判を集めている。目の前で手際よく握る姿を眺めながら、気さくな大将との会話を楽しむのもこの店の醍醐味だ。

部位によって最高の切り方をしてくれて、一番おいしい食べ方で食べさせてくれます。肉質のレベルも間違いありません！

1.

2.

偏愛 GOURMET 2軒目

大人空間で上質な肉料理を

百寧

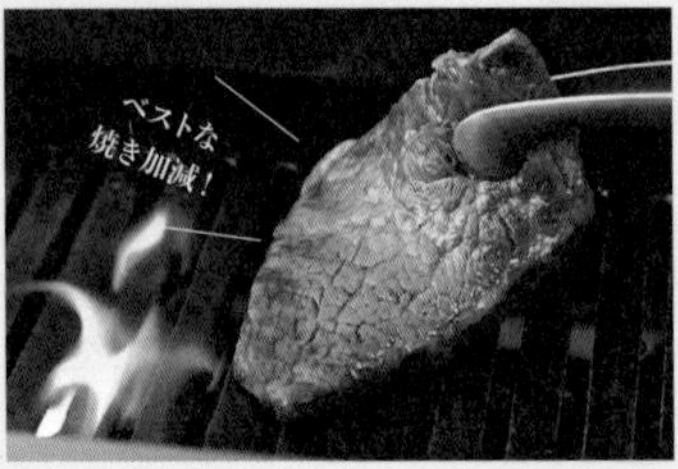

1. 厚切りタン（手前右）1600円など上質さが目で伝わる。奥の牛ヒレのカツサンド5500円も評判　**2.** やわらかさに感動のヒレ3800円

マンションの1階に佇む隠れ家的な焼肉店。オープンキッチンのカウンター席とテーブル席が1卓のみのこぢんまりとした空間が居心地のよさを演出する。扱うのは、全国各地から厳選したA5ランクの銘柄牛の中でも肉質がよりやわらかいメス牛のみ。店が混雑していない限り、店主が目の前のロースターで焼き上げてくれるのも魅力だ。シャトーブリアンが5000円というお値打ち価格にも注目したい。

今池

もね

052-734-4129〈予約可〉

12席

名古屋市千種区仲田2-8-6 NAKATAビル1F／11:30〜14:00（LO13:30）、16:00〜23:30（LO22:30）／火曜休／地下鉄今池駅から徒歩8分

3軒目

偏愛 GOURMET

ワクワクが止まらない串揚げ

串揚げ処 gaku

目の前で調理した揚げたての串揚げを一本ずつ提供するスタイルの串揚げ店。自家栽培の朝採れ野菜や柳橋中央市場直送の魚介類、鹿児島の銘柄豚、茶美豚など素材にもこだわり、臨場感あふれるライブ感と素材の味わいを存分に堪能できる。厳選10本コースではA5ランクの仙台牛やずわい蟹の足を丸ごと一本揚げた串など贅沢食材が満載。カウンター6席のみの小さな店なので予約をしてから出かけるのがおすすめ。

中村区役所

くしあげどころ ガク

052-481-1199〈予約可〉 6席

名古屋市中村区太閤通4-7 上垣内ビル102／11:30～14:00(LO13:30)、17:00～22:00(最終入店21:00、LO21:30)／火曜の夜、日曜休／地下鉄中村区役所駅から徒歩1分

厳選10本コース3800円のイメージ。ボリュームはあるが衣が軽めで食べやすい

ランチのデラックス定食は大きさのある串10本を1本1本揚げてくれるクオリティで1450円ぽっきりとかなりお得！

1. おまかせ10本の串揚げに小鉢などが付くランチ限定のデラックス定食 2. コースには一品料理もセット。タレは自家製ソースなど3種類 3. 落ち着いた雰囲気の店内

最旬 トレンドグルメ 3軒

RECOMMENDER

ナゴレコ編集部

約100人のグルメライターがレコメンドする名古屋の注目店を紹介するサイトを運営。名古屋で最も流行しているグルメを探せるとあって、名古屋在住の約50人に1人がフォロー中。

京都の有名イタリアン出身の料理長による本格イタリアンと、厳選した国産和牛を薪で焼き上げる肉料理がメイン。肉料理はその日一番の牛肉をスタッフが席まで運び、食べたい部位を選べるのが特徴。高温の薪火で焼き上げることで、薪に含まれる水分が蒸気となって肉を包み込み、旨みと肉汁が凝縮。表面

薪焼きのお肉は表面が香
ばしく驚くほどしっとり
ジューシー！ 薪の香りが
アクセントとなり、味付
けは塩胡椒のみで十分
ナゴレコ

偏愛 GOURMET 1軒目

特別な日のディナーなら

Arcoba

1.2. マキヤキ肉ウチモモ300ｇ7260円（仕入れにより変動あり） **3.** ブッラータチーズを贅沢にまるまる1個使った、とろーりブッラータチーズのトマトソーススパゲティ 2000円 **4.** 日間賀島産タコのマキヤキ1680円

久屋大通

アルコバ

052-211-9955〈予約可〉　144席

名古屋市中区丸の内3-19-14先 Hisaya-odori Park ZONE2 ／ 11:00 ～ 15:00 (LO14:00)、17:00 ～ 22:00 (LO21:00) ／水曜休（祝日の場合は翌日休）／地下鉄久屋大通駅2A出口から徒歩2分

の香ばしさとジューシーさが絶妙の味わいだ。薪焼きは、日間賀島産のタコといった魚介類、薪火であぶったベーコンのカルボナーラなど、肉料理以外のメニューも人気。店内は高級感あふれるメインダイニング、テレビ塔を一望できるテラス席、のんびり食事を楽しめるプライベートルームを完備。スタッフのスマートなサービスと洗練された空間は特別な日にもおすすめ。

化学調味料を一切使用しない体にやさしいフランス料理にこだわる。コースで提供されるのは、シェフのセンスとアイデア、丁寧な仕事ぶりが光る芸術的な料理ばかり。客の好みと料理に合わせたワインのペアリングを楽しめるのもこの店の魅力の一つ。店内はブラウンを基調とした温もりあふれるアットホームな雰囲気。子供連れもOKで、肩肘張らずに本格フレンチを味わえるとっておきの店だ。

名駅

マルコンソール プリュ デュヴァン ル ジャルダン

052-551-7188〈予約可〉

18席

名古屋市西区名駅2-24-9 COMSビル1F ／ 11:30 ～ 15:00 (LO14:00)、17:00～21:00 (LO20:00)／不定休／各線名古屋駅から徒歩6分

見た目も美しく、おいしいうえ、体にやさしい料理が魅力。料理とワインのマリアージュもぜひ楽しんでほしいです

2軒目

偏愛 GOURMET

体にやさしいフレンチなら

Malconsorts plus devant le jardin

1. アンチョビソースを合わせた鱈 ソースアンショワ　2. 魚介を使ったラザニア　3. 蟹と黒ごまの風味が広がる雲丹 黒担々 ※すべてコース料理（3850円～）の一例

看板商品のフィナンシェは発酵バターの豊かな風味が格別。外はカリッ、中はシットリとした食感は焼きたてならでは

3軒目

偏愛 GOURMET

すべてのバター好きに贈る

Buttery

\ ボックスにも注目 /

1. リッチな味わいの焼きたてフィナンシェ1個300円　**2.** バターとラムの香りが引き立つ焼きたてカヌレ1個260円　**3.** 店舗は名古屋駅から徒歩6分の好立地　**4.** 6種類あるカラフルなギフトボックス

フランス産発酵バター、国産発酵バター、北海道バターなど、厳選したバターを使用した香り高い焼き菓子の専門店。店内には工房が併設され、日本に数台しかない固定窯とラックオーブンの機能を兼ね備えたスチームラックオーブンで焼き上げた焼きたてカヌレなどのスイーツがズラリ。新鮮な素材を使った数量限定のベーシックなケーキやプリンも人気。キュートなギフトボックスは手土産にも喜ばれそう。

名駅

バタリー

052-564-3553
〈予約可（一部商品を除く）〉
なし

名古屋市西区名駅2-23-14 VIA141 1F／10:30～18:30／火曜、第3水曜休／各線名古屋駅から徒歩6分

名古屋の名居酒屋3軒

RECOMMENDER

大竹敏之さん

雑誌、新聞、Webなどで名古屋情報を発信する名古屋在住のフリーライター。著作は『名古屋の酒場』『名古屋の喫茶店完全版』（リベラル社）『なごやじまん』（ぴあ）など多数。

名古屋を、というよりも日本を代表する居酒屋といっても過言ではありません。すべての酒飲みを連れて行きたい

1軒目 偏愛 GOURMET

すべての酒飲みのための

大甚本店

かつては池波正太郎が贔屓にし、居酒屋評論家からも絶賛される1907年創業の名古屋を代表する老舗酒場。店内の造りは創業当時のままで、まるで昭和初期にタイムスリップしたかのようなノスタルジックな雰囲気が広がる。店内の一角にある大テーブルに並べられた種類豊富な小皿料理をセルフで選んで席に運ぶスタイルと、長テーブルに相席で座るのがこの店の特徴。独特の香りがたまらない樽酒の加茂鶴も見逃せない。昨今ではこれまでにメニューになかったご飯物や揚げ物、オムレツといった洋食も追加され、幅広い層に親しまれている。

伏見　だいじんほんてん

052-231-1909〈予約可〉

約120席

名古屋市中区栄1-5-6／16:00～21:00（土曜は～20:00）／日曜、祝日休／地下鉄伏見駅7番出口からすぐ

I'M SO DRUNK

1. テーブルには何種類もの品（1皿270円～）が並び、選ぶのも楽しい　2. 16時のオープンと同時に次々と客が訪れる。昔ながらのそろばんで会計するのも名物

1.

立ち飲みの老舗。名駅からも近く、サクッと1人飲みするのにもおすすめ。財布にやさしいリーズナブルさも魅力です

2.

名古屋ならではの味わいをぜひ

偏愛 GOURMET 2軒目

名駅近くでサク飲みなら

のんき屋

3.

1. 継ぎ足しで煮込まれる赤味噌ベースのおでんは全8種類。香りだけでも食欲がそそられる　**2. 3.** 店主との会話も楽しい立ち飲み席は常に客でいっぱい

遠方からも客が訪れるほど、酒場好きの間では有名な店。大鍋で一日中グツグツ煮込まれる味噌おでん150円をはじめ、どて100円、串カツ90円が名物。味噌がじっくり染み込んだおでんやどて、衣にも味付けされたサクリクの串カツはビールが何杯でも進んでしまうほど。店先の立ち飲み席でサクッと飲むのが常連の楽しみ方だが、相席が基本の店内も、客同士が仲良くなれる昭和の大衆酒場的な雰囲気が居心地よく、一見でも立ち寄りやすい。

名駅　のんきや

052-565-0207〈予約可〉

30席

名古屋市西区名駅2-18-6／16:30〜20:00（金曜は〜21:00、土曜は16:30〜売り切れ次第終了）／日曜、祝日休／各線名古屋駅から徒歩10分

1.

2.

1. 店主を中心に賑わいを見せる店内
2. 人気No.1のベーコンステーキ1200円（手前、税別）など、メニューはつまみから腹を満たす品まで豊富

3軒目 偏愛 GOURMET

日本酒好きなら

一位

愛知の地酒の品ぞろえはピカイチ。日本酒好きはぜひ訪れてほしい。人気メニューのベーコンステーキもぜひ

店主自ら蔵回りをし、信頼できる蔵元から仕入れる幅広い銘柄の日本酒が自慢。店内には日本酒専用の冷蔵庫がズラリと並び、品ぞろえは酒屋以上のラインナップで、日本酒通を唸らせている。日本酒初心者でも酒を知り尽くした店主がアドバイスをしてくれるので安心だ。約40年前の創業当時から徐々に増えていったという手作りメニューは約100種類。中でも20種類ある名物の雑炊600円（税別）～はしこたま飲んだあとのシメに最適。

伏見

いちい

052-201-6222〈予約可〉
80席

名古屋市中区栄1-11-26／18:00～23:00（LO22:00）／日曜、祝日休／地下鉄伏見駅6番出口から徒歩3分

P30-32撮影：大竹敏之

NO. 031→041

CHAPTER 3

名古屋
王道グルメ

OUDOU

う

Gourmet

多彩な食べ方も楽しい鰻料理！

ひつまぶし

HITSUMABUSHI

創業140年以上の伝統の味
元祖ひつまぶしの名店

ひつまぶし3990円。1杯目はそのまま、2杯目は薬味と共に、3杯目はダシ茶漬けで味わいたい

1. 出し巻き卵で鰻を巻いたうまき990円　2. 趣のある本店ほか、神宮店、松坂屋店もある

031 あつた蓬莱軒 本店

明治6年に料亭として創業し、名古屋名物「ひつまぶし」を生み出した名店。2代目当主甚三郎が、大きなおひつに細かく刻んだ鰻とご飯を混ぜて（まぶして）出したのが始まりで、お茶漬けにしたところさらに好評だったことから、現在の味わい方が確立した。備長炭で焼く鰻は表面はカリッと香ばしく中はふんわり。創業当時から継ぎ足し続ける秘伝のタレで伝統のおいしさに仕上げる。特別な日には、数々の鰻料理を中心にした会席料理（2日前までの要予約）も。

伝馬町　あつたほうらいけん ほんてん

052-671-8686〈予約不可〉　180席

名古屋市熱田区神戸町503／11:30〜14:00(LO)、16:30〜20:30(LO)／水曜、第2・4木曜休（祝日の場合は営業）／地下鉄伝馬町駅4番出口から徒歩7分

池波正太郎も愛した香ばしい地焼きの鰻

1.

2.

3.

1. ひつまぶし3800円。薬味とあっさりとしたカツオダシが付く　**2.** 三河赤鶏のそぼろとふわふわの卵、やさしいダシの風味にファンが多い親子丼700円　**3.** テーブル席ほか大小の個室も用意

032 宮鍵

納屋橋のたもとにある鰻・かしわ（鶏）料理の老舗。かつての名料亭「得月楼」で修業した初代が、鰻料理の暖簾分けで明治32年に創業した。創業当時から鰻だけでなく、かしわ料理も提供し、文豪・池波正太郎が足しげく通った店としても有名だ。鰻は蒸しのない関西風の地焼き。カリッとした食感が際立ち、最後のダシ茶漬けまで風味が損なわれず楽しめる。ひつまぶしと並ぶ名物、親子丼はもちろん、鰻のたたきや鶏の肝焼きなどの一品料理も必食だ。

伏見　**みやかぎ**

052-541-0760〈予約可〉　**120席**

名古屋市中村区名駅南1-2-13／11:30～14:00（LO）、17:00～21:40（LO21:00）／土曜、第4水曜休（連休前は不定休あり）／地下鉄伏見駅7番出口から徒歩7分

033 うなぎ家 しば福や

江戸時代から続く四間道、円頓寺の街並みに佇む古民家を改装した一軒。鰻養殖業の実家で育ち、名古屋の名店で長年修業した店主が、その確かな目利きと熟練の技で鰻料理を提供。定番の味から日本酒やワインなどにも合う一品まで、メニューも多彩だ。看板メニューのひつまぶしは、大きめで上質な青鰻を使用。皮はカリッ、身はふんわりと絶妙に焼き、たまり醤油を使った軽やかながらも深みのあるタレで丁寧に仕上げている。

趣ある古民家で
上質な青鰻を味わう

1.

2.

3.

1. 青鰻をしっかりと素焼きし、自慢の自家製タレも味わい深いひつまぶし5100円 **2.** うなぎのたたきポンズ4300円。白焼きをおろしポン酢でさっぱり味わう一品 **3.** 和情緒あふれる店内

国際センター うなぎや しばふくや

052-756-4829〈予約可〉 43席

名古屋市西区那古野1-23-10／11:30～14:30（LO14:00）、17:30～20:30（LO20:00）／火曜、第2・3水曜休／地下鉄国際センター駅2番出口から徒歩6分

OUDOU Gourmet

甘辛の味噌ダレが味の決め手!

味噌カツ

MISOKATSU

034 みそかつかつみや 鶴舞分店

昭和48年、愛知県あま市で創業した味噌カツの名店「かつみや」。今は現役引退した初代・父の味を守り受け継ごうと、兄弟がそれぞれの店舗で継承。その弟である青木裕さんの店がこちらだ。父親直伝の継ぎ足しの味噌ダレは、数種類の野菜と豚のスジ肉、脂身から丁寧に取ったスープに3種類の味噌をブレンドした、少し甘めのさらりとした味わい。旨みが強く、やわらかな三河もち豚のカツはもちろん、夜の看板メニューである串カツともよく合う。

父の味を守り続ける名店直伝の味噌ダレ

三河もち豚ロースカツ定食1380円。味噌ダレほか七宝宝ソースなども選べる

＼丁寧な二度揚げで／

＼やわらか&サクサク！／

さっぱりとした脂身の三河もち豚を低温と高温で二度揚げし、やわらかさとサクサク食感を実現。特注パン粉にもこだわりが

鶴舞

みそかつかつみや つるまいぶんてん

052-212-8832〈予約可〉　32席

名古屋市中区千代田3-8-1／11:30～14:30(LO14:00)、17:00～23:00(LO22:30)／日曜休／JR・地下鉄鶴舞駅6番出口から徒歩3分

1. 夜の看板メニュー、とんかつ屋の本気の味噌串カツ1本165円。テイクアウトも可能　**2.** 夜は居酒屋としても利用できる。あま市の初代店舗前には兄の店「二代目かつみや」も

1.

035
すゞ家 大須赤門店

大須・赤門通りの脇にある創業70年の老舗洋食店。20年ほど前にワインに合う味噌カツを作ろうと、干し柿などの果物の甘みを生かして仕上げた味噌ダレに、長年のファンが多い。上質な山形豚と自家製パン粉の香ばしくやわらかな味も唯一無二だ。

2.

1. みそヒレカツ定食1760円。驚きのやわらか食感と自慢の味噌ダレが老若男女を虜に　2. 三河一色産の天然ものを使用する活海老フライ(時価)

上前津　すずや おおすあかもんてん

052-241-3752〈予約可〉　60席

名古屋市中区大須3-11-17／11:00～15:00、17:00～21:00／木曜休／地下鉄上前津駅8番出口から徒歩5分

1.

036 味処 叶

昭和24年創業。名古屋で初めて味噌カツを考案、提供した店として有名。元祖の味と製法を守り続ける味噌カツ丼は、甘辛で濃厚な八丁味噌ダレに漬けた分厚いカツと半熟卵の組み合わせが絶妙。プリプリのエビフライ&味噌ダレの味噌エビ丼も！

元祖の味を堪能する味噌カツ発祥の店

2.

3.

1. 栄の路地裏に佇む
2. エビフライバージョンの味噌エビ丼1880円
3. 見た目よりもさっぱりと味わえる、元祖味噌カツ丼1400円

（栄）あじどころ かのう

052-241-3471〈予約不可〉 43席

名古屋市中区栄3-4-110／11:00～14:30、17:00～20:30／月曜休(祝日の場合は翌日休)／地下鉄栄駅8番出口から徒歩3分

土鍋でグツグツ！　庶民の味の代表格

味噌煮込みうどん

MISONIKOMI UDON

味噌を吸った衣も格別！
エビ天付きの定番味

037 にこみのたから

本店は、明治34年創業の大須寶寿司。寒い時期の副業として始めたという味噌煮込みは、ムロアジベースのダシに八丁味噌をブレンドした先代からの味を継承し、すすって食べておいしいやわらかさにこだわった細めの麺が特徴。味噌煮込み900円やエビ天付きの天ぷら煮込み1100円で堪能を。

大須観音

052-231-5523
〈予約不可〉　39席
名古屋市中区大須2-16-17／11:30～15:00、17:00～19:00／木曜（18・28日、祝日が木曜の場合、水曜休）／地下鉄大須観音駅2番出口から徒歩5分

人気は名古屋コーチン使用の親子煮込うどん1768円

038
山本屋総本家 金シャチ横丁店

名古屋城のお膝元で 創業90余年の名店の味を

名古屋を代表する味噌煮込みうどんの「山本屋総本家」。カクキューの八丁味噌と地元の白味噌を独自配合したコク深い味噌ダシに、コシのあるかためのうどんがこだわりだ。名古屋城敷地内にある金シャチ横丁店では、エビ天が2本付いた金シャチ煮込うどん1968円も味わえる。

市役所　やまもとやそうほんけ きんシャチよこちょうてん

052-212-7488〈予約不可〉　40席

名古屋市中区三の丸1-2-5 名古屋城金シャチ横丁正門エリア義直ゾーンA棟／10:30〜17:30(LO17:00)、土・日曜、祝日は〜18:30(LO18:00)※営業短縮中／名古屋城に準ずる／地下鉄市役所駅7番出口から徒歩10分

味噌煮込みうどん1150円。ダシが効いたやさしい味

039
手打そば処 丁字屋

風味の高い味噌ダレに 喉越し抜群の手打ち麺

大須・万松寺の脇にある麺処。そばをはじめ、うどんもきしめんも麺はすべて手打ち。八丁味噌に信州産白味噌をブレンドしたカツオダシの味噌煮込みうどんは、上品な風味と喉越しのいい麺が格別。開田産原そば粉使用の田舎せいろそばも人気。

柚子が香るそばも!

上前津　てうちそばどころ ちょうじや

052-241-1492〈予約可〉　24席

名古屋市中区大須3-29-6／11:00〜20:30(LO19:30)／火曜休(祝日の場合は翌日休)／地下鉄上前津駅8番出口から徒歩5分

OUDOU Gourmet

地元民に愛され続ける名物唐揚げ

手羽先

TEBASAKI

名古屋人のソウルフード 甘辛タレの元祖手羽先

元祖 手羽先唐揚１人前550円〜。白ごまがかかり、手羽の先の部分がなくて食べやすい

手羽先の中に餃子の具！
手羽先ぎょうざ825円

とり皮ぎょうざ715円。
パリパリの鶏皮がうまい

若鶏の半身を丸ごと揚げたターザン焼き1078円

040 風来坊 名駅センチュリー豊田ビル店

名古屋を中心に全国に暖簾分け店を持つ「風来坊」。創業者の大坪健庫氏が、当時、スープの材料程度にしか使わなかった手羽先を素揚げし、秘伝のタレをつけたのが、名古屋名物・手羽先唐揚の始まりだ。パリッとジューシーな揚げたてをぜひ！

名駅　ふうらいぼう めいえきセンチュリー とよたビルてん

052-533-2677〈予約可〉

120席

名古屋市中村区名駅4-9-8 名駅センチュリー豊田ビルB1F／15:30〜22:30／日曜休（第３日曜は営業）／各線名古屋駅7番出口から徒歩5分

041 世界の山ちゃん 本店

昭和50年代にわずか4坪の店でスタートし、今や国内・アジア諸国で60店舗以上を展開する居酒屋「世界の山ちゃん」。名物の手羽先は、創業当時、いくら食べてもおいしくてすぐになくなるから幻のようだ、との常連客の言葉から「幻の手羽先」と命名されたとか。味の決め手は、辛さと風味が際立つ幻のコショウと秘伝のタレ。カラリと揚がったコショウ辛いおいしさは、一つ味わえば手が止まらないまさに幻の味。ビールはもちろん、白飯のお供にも最適だ。

創業当時から変わらぬ この味、この辛さ

幻の手羽先1人前528円〜。創業時から変わらないやみつき度高めのおいしさだ

台湾ミンチがのる旨辛もつ鍋も！

新・名古屋名物、渾身の台湾もつ鍋2420円（小2人前）

栄　せかいのやまちゃん ほんてん

052-242-1342〈予約可〉　144席

名古屋市中区栄4-9-6／17:00〜翌0:15（LO23:30）、日曜・祝日は〜23:15（LO22:30）／無休／地下鉄栄駅13番出口から徒歩5分

NAGOYA GOURMET COLUMN-①

ご当地スーパーで名古屋グルメ

地元民ご用達のご当地スーパーは、名古屋グルメの宝庫。
お値打ちな地元価格でGETすれば、おうちでも名古屋めしを楽しめる！

即席 SUGAKIYAラーメン

豚骨ベースに和風ダシを効かせたご当地ラーメン。お得な3袋入りやカップ麺もあり

オリエンタル 名古屋カレーうどんの素

名古屋名物カレーうどんの元祖・オリエンタルの味が楽しめる。直火製法フレークタイプ

スパゲッティ・ハウス ヨコイのソース

太麺にピリ辛味がクセになるあんかけスパ。「ヨコイ」のレトルトソースで完全再現を！

山本屋本店 味噌煮込みうどん

特製あじ味噌とだしかつお付きの生麺タイプ。土鍋で煮込めば完成。生卵は忘れず用意を

コーミデラックス こいくちソース

愛知県民おなじみのソース。揚げ物にかけるほか、調味料として使ってもいい

寿がきや 台湾ラーメン ピリ辛醤

鶏ガラダシに豆板醤が効いた特製粉末台湾スープが決め手。炒めたミンチをのせれば完璧！

オリエンタル 即席カレー

昭和20年代からのロングセラー商品。粉末なのでカレーライスほか炒飯や野菜炒めにも◎

コメダ特製 小倉あん

名古屋といえば小倉トースト。ジャム感覚で使える、コメダ珈琲店オリジナルの小倉あん

ナカモ つけてみそかけてみそ

豆味噌をベースにした甘みのある万能味噌。トンカツやおでんにかければ即名古屋の味に

ヤマナカ 八田フランテ館

八田　ヤマナカ はったフランテかん　052-411-8881

名古屋市中村区岩塚町字西枝1-1／9:30～23:00／無休／各線八田駅から徒歩5分

NO. 043→058

CHAPTER 4

街へお出かけ

レトロな円頓寺商店街

土蔵が並ぶ四間道

商店街には金毘羅神社も

金のシャチホコ像が鎮座

風情ある街並みが残る

古きよき街の魅力を再発見。

那古野

na go no

江戸時代に建てられた土蔵や町家が残り、名古屋の町並み保存地区に指定されている四間道《しけみち》。名古屋市内にある商店街の中でも歴史が古く、昭和の雰囲気を漂わせた円頓寺《えんどうじ》商店街。この2つが中心となった那古野界隈は、歴史的な魅力はもちろん、庶民的で街歩きも楽しいエリア。さらにここ数年、古民家のよさを残しつつ、独自のエッセンスを加えたおしゃれなお店が続々と登場したことで、地元の人からも注目を集めるスポットだ。散策途中で日本茶専門店に立ち寄ったり、円頓寺商店街名物のタマゴサンドを頬張ったり。お目当てのお店を目指し、自慢の料理を堪能する。名古屋駅から歩いても10分ほどと近いため、点在するグルメ店めぐりを楽しんでみたい。

日本茶の奥深さを知る至福の時間

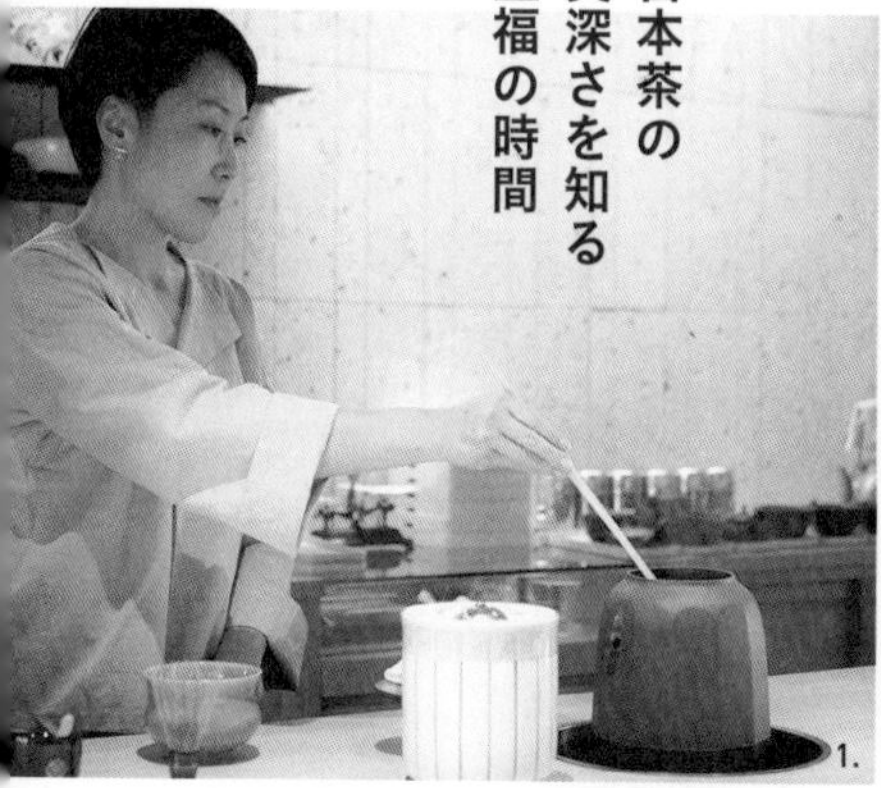

1. 店主の元花千佳さん　2. 茶葉が目の前に運ばれ、一つ一つ丁寧な説明をしてもらえる　3. 茶器は、常滑の藻掛け急須のほか作家の作品をそろえる

4. 花千花と不朽園の最中330円　5. 名古屋市より認定地域建造物資産に登録された、築100余年の古民家を再生　6. 和菓食3850円。煎茶かほうじ茶が選べ、最後に抹茶がいただける

043

那古野茶房 花千花

那古野

「日本文化の再発見、和を紡ぐ煎茶と抹茶の茶房」がコンセプト。東海三県+静岡から届く煎茶や抹茶の名品と共に、特注の和菓子が堪能できる。お茶を供する際のパフォーマンス、器などこだわりが随所に。丁寧に淹れられた日本茶の香りとおいしさに感激すること請け合い。

(国際センター) なごのさぼう はなせんか

052-526-8739〈平日のみ予約可〉

13席

名古屋市西区那古野1-18-6／12:00～19:00(土・日曜、祝日は～18:00)／水曜休／地下鉄国際センター駅2番出口から徒歩5分

老舗スペインバルは楽しみ方もいろいろ

044
BAR DUFI

円頓寺商店街に店を構えて10年。本格的なスペイン料理と自家製サングリアやワインがリーズナブルに味わえるとあって夜ごと多くの人で賑わう。豊富にそろうタパスで軽く1杯ひっかけて次の店へ、なんていう使い方もあり。昼に味わえるボリューム満点のハンバーグなど、全5種類そろうランチも評判。

国際センター

バル ドゥフィ
052-485-7581〈予約可〉
30席

名古屋市西区那古野1-20-1／11:30～14:00、18:00～23:00／月曜休／地下鉄丸の内駅8番出口、国際センター駅から徒歩5分

1. 炭焼きピンチョス1本165円～　**2.** 魚介のパエリア1人前1078円～　**3.** ランチも人気　**4.** 店外にもテーブルが置かれ開放的な雰囲気

1.

045
喫茶、食堂、民宿。なごのや

2.

3.

1. 分厚い玉子焼きには玉子を3個使用　**2.** 定食や軽食、スイーツなども味わえる。Wi-Fiも完備　**3.** 円頓寺商店街の中にあり、宿も営む

フワッ、トロ〜の食感に思わず笑顔

円頓寺で約80年続いた喫茶店「西アサヒ」の名物・タマゴサンドを復刻。ふわふわの厚焼き玉子とパリッとしたギュウリとのコントラストがたまらない。こだわりのコーヒーとの相性もばっちり。

国際センター

きっさ、しょくどう、みんしゅく。なごのや
052-551-6800〈夜のコースのみ予約可〉
40席

名古屋市西区那古野1-6-13／11:00〜18:00／無休／地下鉄国際センター駅2番出口から徒歩5分

046
四間道レストランMATSUURA

1.

スペシャリテは絵画のようなテリーヌ

約380年の歴史を持つ土蔵を再生。雰囲気のある店内では、フランスで経験を積んだオーナーシェフの松浦仁志さんが作る繊細な料理とワインとの至極のマリアージュが楽しめる。

国際センター

しけみちレストラン マツウラ
090-4239-4207〈予約可〉　**26席**

名古屋市西区那古野1-36-36／11:30〜14:00、18:00〜20:30／月曜、第3日曜休／地下鉄国際センター駅2番出口から徒歩5分

3.

2.

1. 地元の野菜や魚をふんだんに取り入れた色鮮やかなテリーヌ　**2.** 洗練された店内は、吹き抜けの天井が開放的　**3.** 中庭もステキ

大須

O SU

魅惑の商店街ラビリンス。

東京の浅草観音、三重の津観音と並ぶ日本三大観音の一つとして知られる大須観音。大須はその門前町として発展してきた。大須観音駅から上前津駅の間、中区大須2~3丁目にかけて広がる大須商店街には、食べ歩きが楽しめる各国のグルメ店、古着屋、サブカルチャーの店など、老舗から新店まで約１２００店舗が軒を連ねる。それらが醸し出す独特の世界観を体感できるとあって、地元の人はもとより、観光客からも人気を集めるエリアだ。万松寺通り、東仁王門通りなどメインとなる通りはアーケード街となっているため、天気が悪くても安心。小さなエリアに魅惑的なショップが集まり、一度体験したらハマってしまう。ディープタウンへ出かけよう。

大須商店街の入口

商店街はいつも賑やか

裏路地にも名店がたくさん

映えるスポットを探して

縁結びの神社、三輪神社

1.

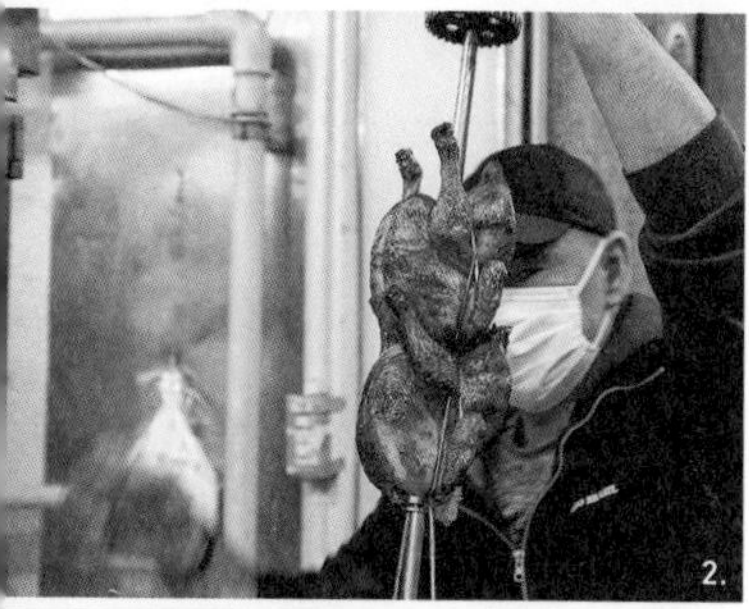

2.

3.

047
オッソブラジル

大須商店街で
ブラジルを体感！

名物は店頭のグリルマシーンで焼かれている鶏の丸焼き。一晩タレに漬け込んだ本場の味が人気で、週末には200羽ほども売れるという。餃子のような皮で具材を包んで揚げたパステルなど、さまざまなブラジル料理を味わうことができる。

上前津

052-238-5151〈予約可〉 60席

名古屋市中区大須3-41-13　東仁王門通り／10:30〜22:00／不定休／地下鉄上前津駅8番出口から徒歩3分

サクッと食感で
ジャガイモがほくほく

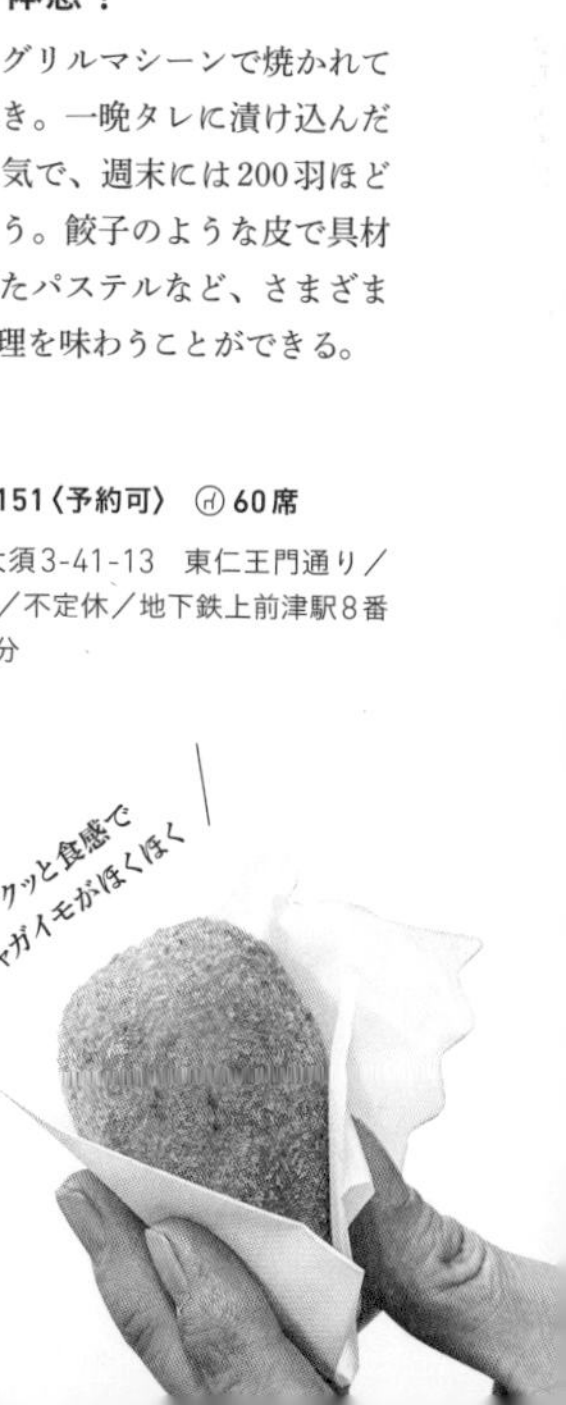

チキンのコシーニャ150円

1. 創業より26年間、大須商店街の東仁王門通りで変わらぬ味を届ける　2. ニンニクの効いたスパイシーな味の鶏の丸焼きは1羽1800円　3. 牛肉とチーズのパステル350円

1.

1. コーヒーは5種類以上がそろう　**2.** かぼちゃプリン680円　**3.** カップにかかるシャチホコビスケット1枚150円は、名古屋土産としても人気　**4.** スコーンサンド580円

2.

048
KANNON COFFEE

気軽に立ち寄れるコーヒースタンドというスタイルはそのままに、2020年7月に移転リニューアル。注文のあとに豆を挽き、一杯ずつドリップする香り豊かなコーヒーのほか、素材にこだわり手作りされるスイーツも人気。アンティークの家具が配された店内でゆったりくつろげる。

大須観音 カンノン コーヒー

052-201-2588〈お菓子の予約可・席予約不可〉

35席

名古屋市中区大須2-17-25／11:00〜19:00／無休／地下鉄大須観音駅2番出口から徒歩4分

3.

4.

1.

2.

3.

1. ルーローファン850円　2. 台湾の赤い提灯が目印　3.4. 異国情緒たっぷりの店内はポップでかわいい雰囲気

049
好日茶楼
GOOD DAY CHARO 大須本店

古来中国にあった茶楼をイメージした店内で味わえるのは、台湾で日常的に食べられている料理の数々。中でも、スパイス香るルーローファンは、甘めに炊いたトロトロの国産豚があとを引くおいしさだ。全メニューがテイクアウトOKなので、気軽に立ち寄りたい。

上前津

グッデイチャロ おおすほんてん
052-262-3776〈予約可〉
30席

名古屋市中区大須3-28-24-2／11:00〜19:00／火曜休／地下鉄上前津駅8番出口から徒歩7分

現地の味を再現した台湾グルメを満喫

2

4.

大須

おしゃれな星が丘テラス

ファミリー層にも人気の街

駅近のTHE KITCHEN

テラスでひと休み

グルメスポットも豊富

いつの時代も憧れタウン。

星が丘

hoshi ga oka

地下鉄東山線で、名古屋駅から乗り換えなしで20分、途中にある栄駅からも15分ほどでアクセスできる星が丘。駅を中心にグルメの名店や洗練されたショップがそろい、名古屋の住みやすい街ランキングで常に上位にランクインする人気のエリアだ。世代・性別を問わず多くの人が訪れる「星が丘テラス」は、約60店舗が出店するショッピングモール。緑に囲まれたオープンテラス風の空間は、ショッピングや食事はもちろん、ただ散策するだけでも心地のいい空間となっている。星ヶ丘駅や星が丘テラスとも直結する「星ヶ丘三越」をはじめ、駅から少し離れたパティスリーや天然酵母のパン屋を訪れ、こだわりの一品を購入するのもおすすめだ。

ラム酒入りで
大人の味

2.

3.

1. カレーランチ1320円（季節限定）。写真はフレッシュなトマトの酸味がスパイスとマッチしたトマトカレー **2.** カスタードプリン638円 **3.** 夜はお酒を楽しみながら、ゆったりと過ごせる

1.

050
TT″a Little Knowledge Store

「暮らしを豊かにする、ほんの小さなきっかけを提供したい」との思いで2018年にオープン。自然光が心地いいギャラリーのような店内では、素材にこだわった栄養満点のランチや手作りのスイーツが味わえる。夜は、自然派ワインやクラフトビールが飲める大人の空間に。

星ヶ丘 トドア リトル ナレッジ ストア

052-753-5147〈予約可〉 64席

名古屋市千種区星が丘元町16-50 星が丘テラスEAST3F／11:00～18:00(LO17:30)、金～日曜～21:00 (LO20:30)／無休（イベントなどにより貸切の場合あり）／地下鉄星ヶ丘駅6番出口から徒歩3分

4.

5.

4. 各国料理が融合したコース料理も楽しめる **5.** お酒との相性のいいアラカルトも用意

体が喜ぶ
天然酵母パン

1.

2.

天然酵母の
石窯焼きパン

3.

4.

051
Meisters Backstube KAKINUMA

ドイツで約10年間、パンの製法を学んだ柿沼さんが営む。国産小麦を石臼で挽き、酵母から使う材料、水など使うものにとことんこだわったパンは、誰もが安心して食べられるものばかり。石窯焼きならではの風味やパリッとした外皮の食感のよさをご堪能あれ。

星ヶ丘 **マイスターズ バックシュトゥーベ カキヌマ**

052-781-3353〈予約可〉 **12席**

名古屋市千種区桜が丘58／9:30〜18:30／日・木曜休／地下鉄星ヶ丘駅2番出口から徒歩7分

1. カンパーニュ・ノア410円　**2.** 湯種食パン432円　**3.** 全粒パン410円　**4.** ミューズリーリング475円　**5.** 月替わりのスコーン3個367円　**6.7.** 広い店内にはカフェスペースがあり、ランチプレート1000円〜も楽しめる

5.

6.

7.

052
PATISSERIE L'ENFANT

卓越した技術による心ときめくケーキ

旬の果物を使い、東京の名店仕込みの技術で丁寧に作るケーキが常時15～30種類並ぶ。中でも購入後1時間以内に食べてほしいというモンブランはぜひとも味わいたい一品だ。

1. いちごのミルフィーユタルト750円 **2.** 通年味わえるモンブラン470円 **3.** いちごのタルト800円※価格はすべて税別

星ヶ丘 **パティスリーランファン** **052-783-6773〈予約可〉** **14席**

名古屋市千種区星が丘元町1-4 東山大木ビル1F／11:00～19:00／月曜休（祝日の場合は翌日休）／地下鉄星ヶ丘駅星ヶ丘三越側出口から徒歩3分

053
ピッツェリア パージナ

本格ピッツァや多彩なコースを満喫

開放的な店内で、イタリア製の窯で焼き上げる耳までおいしいナポリピッツァのほか、多彩なイタリア料理が楽しめる。豊富にそろうリーズナブルなコースやワインも要チェック。

星ヶ丘 **052-781-2700**
〈ディナータイムのみ予約可〉 **14席**

名古屋市千種区星が丘元町16-50星が丘テラスEAST4F／11:00～15:00、17:00～22:30／無休／地下鉄星ヶ丘駅6番出口から徒歩3分

1. プロシュート・エ・インサラータ1760円 **2.** 窯焼きパスタ ボルケーノ1650円 **3.** 子ども連れのママ友会やファミリーの利用も大歓迎

覚王山

kaku ou zan

歴史を重ねた街で隠れた名店探し。

街のシンボル、日泰寺

昔ながらの街並み

洗練されたお店が点在

かわいい店のディスプレイ

点在する店を巡るのも楽しい

日本で唯一、タイから贈られたお釈迦様の遺骨を安置している「日泰寺」で有名な覚王山。中心となる日泰寺参道周辺には、昭和を感じる街並みが広がり、毎月21日には縁日も。点在する昔ながらの専門店ほか、若きクリエイターたちのアート作品や手作りアイテムに心躍るショップをのぞきながら散策が楽しめるエリアだ。

ここでは、スイーツの人気店やモーニングからディナーまで一日中チーズが味わえる新店、気軽に通える評判のビストロなど、覚王山駅から5分ほどで立ち寄れる、とっておきの店をご紹介。覚王山までは地下鉄東山線で、名古屋駅から直通で15分ほどのアクセスのよさなので、思い立ったら気軽に出かけてみよう。

ピスタチオと
ベリーの相性抜群

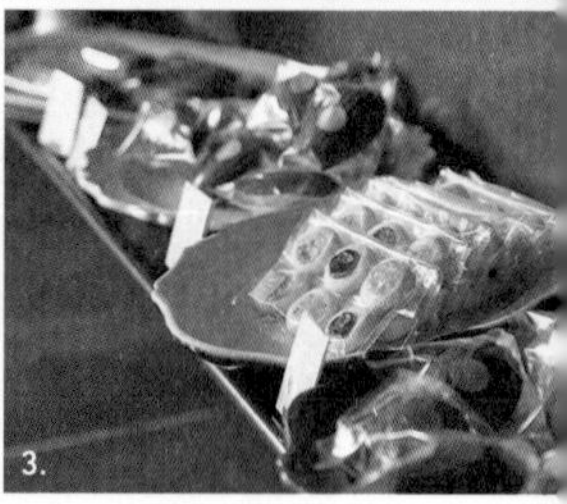

1. キャラメル風味の飴がけプチシューが飾られたサントノーレ630円　**2.** ピスタチオとベリーの焼きタルト580円
3. 焼き菓子の種類も豊富

054
ちいさな菓子店 fika.

2008年のオープン以来、口コミで人気を広げ、開店直後から多くの人が集まる実力店。ショーケースには、「流行に左右されない、いつもおいしいお菓子を」との思いで作られる、季節感たっぷりのタルトやケーキが並び、迷うのも楽しい。クッキーなどプレゼントにぴったりなお菓子もそろう。

覚王山　**ちいさなかしてん フィーカ**
052-846-6657〈予約可〉　**6席**
名古屋市千種区菊坂町2-2／11:00～18:00／日～火曜休／地下鉄覚王山駅4番出口から徒歩5分

雰囲気あるシックな店内。売り切れになる場合が多いため予約や早めの来店がベスト

1. スイス産のラクレットチーズと北海道産牛の赤身肉との相性抜群のラクレット 2400円　**2.** チーズを使ったメニューを終日提供　**3.** チーズフォンデュ 1800円～

055

Maison du fromage （チーズのお家）

覚王山参道の入り口に2020年10月にオープン。アニメにも登場するスイス産ラクレットチーズや3種類のヨーロッパのチーズで作るチーズフォンデュなどチーズの魅力を存分に楽しめるメニューが勢ぞろい。店頭ではチーズの小売りやピザのテイクアウトも行っている。

覚王山　メゾン デュ フロマージュ（チーズのおうち）

052-734-8688〈予約可〉　58席

名古屋市千種区覚王山通9-16-3／モーニング9:00～11:00(LO10:30)、ランチ11:00～15:00(LO14:30)、カフェ14:00～17:00(LO16:30)、ディナー17:00～22:00(LO21:00)／第2・4月曜休（祝日と日泰寺縁日21日の場合は翌平日休）／地下鉄覚王山駅1番出口から徒歩1分

絶妙な火加減で旨みを閉じ込めたやわらかな国産豚肩ロースのソテーをメインに、全5品が楽しるランチのBコース2100円

056
BISTRO La Plume

覚王山の裏路地に店を開いて12年。フレンチをベースに、イタリアンのエッセンスを加えた繊細かつ大胆な料理で多くのファンを持つ。1700円からの3コースが用意されたランチは、クオリティの高さに加え、手ごろな価格とあって満足度も十分。夜には豊富にそろうワインと共に、炭火焼きのアラカルトを堪能したい。

覚王山　ビストロ ラ プリュム

052-734-7616〈予約可〉

24席

名古屋市千種区山門町2-13／11:30～15:00(LO14:00)、18:00～22:00(LO21:00)／火曜、第3水曜休／地下鉄覚王山駅1番出口から徒歩3分

納屋橋

na ya bashi

レトロな橋周辺が今アツい。

慶長15（１６１０）年に徳川家康の命により、武将・福島正則がかけた橋の名前であり、周辺の繁華街と合わせて、名古屋の活気あるスポットの一つとして知られる納屋橋エリア。中でも注目したいのが、堀川の西岸沿い、納屋橋から錦橋へと続く石畳の通りにある「リヴァージュモンシェール」と「ユジェンズ キッチン」だ。どちらも自慢の味を楽しみながらテラス席でのんびり。名古屋市の都市景観重要建築物に指定される納屋橋と、対岸に立つ登録有形文化財の旧加藤商会ビルが醸し出す異国情緒たっぷりの風景の中、ゆったりとした時間を過ごすことができる。気候のいい季節には、爽やかな風と日差しを感じながら至福のひと時を。

市内中心部を流れる堀川

右岸エリアに店が並ぶ

サイアムガーデン（→P.１０８）

春には川沿いに桜が咲く

夜も幻想的で美しい

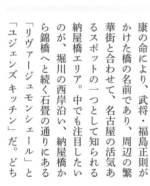

居心地いいテラスが
素敵な時間を演出

1. 爽やかな風を感じながら過ごせるテラスは、ペットとの利用もOK　2. 堂島ロール（カット）351円　3. 洗練された店内は、自分の時間を存分に楽しめる空間

057 リヴァージュ モンシェール

伏見

052-446-7220〈予約可〉
30席

堂島ロールで有名なパティスリー モンシェールがプロデュース。店舗や季節限定のスイーツ、お洒落なホットオープンサンドなどのメニューと開放的な空間が豊かな時間を約束。

名古屋市中村区名駅5-24-5／10:00〜20:00／不定休／地下鉄伏見駅8番出口から徒歩5分

納屋橋の歴史に想いを馳せ
中華を楽しむ！

1. 間近に納屋橋を望むテラス席が人気！ ペットとの利用もOK　2. ニンニク不使用の新名物、納屋橋餃子580円　3. スタイリッシュな店内は半個室のソファ席も予約可能

058 ユジェンズ キッチン (YUJIAN'S KITCHEN)

伏見　ユジェンズキッチン

052-551-0005〈予約可〉
53席（テラス席16席含む）

中国の四大料理を極めたシェフが、上質な素材を駆使し、昔から中国で食べられている家庭料理を現代風にアレンジ。料理が進む紹興酒で作る上海レモンハイボールもおすすめ。

名古屋市中村区名駅5-24-1 CUBES壱番館1F／11:30〜14:30（LO14:00）、17:30〜22:30（LO22:00）／月曜休／地下鉄伏見駅8番出口から徒歩7分

NAGOYA GOURMET COLUMN-②

地元民もグッとくる
一目惚れ名古屋土産

見た目のかわいさやインパクトに、たちまちハートをつかまれる
名古屋土産をピックアップ。食べればさらに惚れ直すこと必至♡

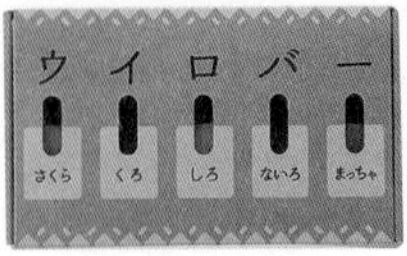

見た目もキュート！

大須ういろ ウイロバー

5本入702円

米粉と砂糖を使った素朴な名古屋銘菓「大須ういろ」の“ういろ”が、アイスバーのようなおしゃれなひと口サイズに進化。5色のやさしい味が入った、クラフト素材のパッケージもかわいい。

グランドキヨスク名古屋 ▷P.169
ギフトキヨスク名古屋 ▷P.169

しゃちほこビスケット

2枚セット320円

名古屋城に輝く「金の鯱」をかたどったクッキー。卵とバター不使用でシナモン香る素朴な味わい。カップの飲み口に引っかけて写真を撮れば、映えること間違いなし。

KANNON COFFEE ▷P.054

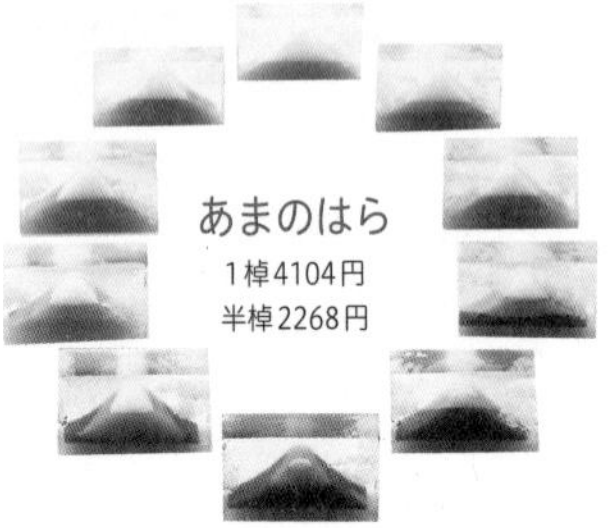

あまのはら

1棹4104円
半棹2268円

日本の象徴・富士山をモチーフにした練り羊羹。1棹の中に四季折々の富士山を閉じ込め、切り分ける箇所により、異なる風景が登場！

ふゆうじょん

6個入1296円

こしあんを小麦の皮で包み、チョコレートでコーティング。6種類のチョコの味に、岩塩やアーモンドなどのトッピングが好アクセント。

和菓子 結

名古屋の老舗和菓子店「両口屋是清」の新ブランド。“手のひらサイズの日本の美”をコンセプトにした新感覚の和菓子を取りそろえる。

名駅 **わがし ゆい**

☎052-566-8550〈予約可〉

名古屋市中村区名駅1-1-4 ジェイアール名古屋タカシマヤB1F ／10:00～20:00／ジェイアール名古屋タカシマヤに準ずる／各線名古屋駅直結

NO. 060→099

CHAPTER 5

時間帯別グルメ

名古屋モーニングCLASSIC

喫茶店で朝食を。

モーニングはもちろん
朝からきしめんもアリ

モーニング data

7:00～10:30
ドリンク、焼きたての厚切りトースト、 ゆで卵が付く。
¥400より

※土曜日は8:00 ～ 10:30まで
モーニングを注文可能

山小屋を彷彿とさせる落ち着いた雰囲気。奥には懐かしいゲーム機も

1.「きしめんは麺類が好きだった父のこだわりです」と話す加藤さん　2. きしめん600円。麺は安城市のたつみ麺店のものを使用、ツルリとした喉越しが特徴　3. ハワイアンブルーシロップを使ったクリームソーダ600円　4. 看板もレトロで洒落た雰囲気だ

060
喫茶チロル

　1963年創業の老舗喫茶店。初代がスキー愛好家であったことからチロルと命名、現在は2代目の加藤義昭さんが店を切り盛りする。レトロなテーブルやイスが並ぶ店内は落ち着いた雰囲気で、長居をする常連も多いとか。初代が独自にブレンドしたコーヒーは酸味と苦味のバランスが取れて後味まで香りが豊か。もっちりとした歯ごたえのパンとの相性も抜群だ。また喫茶店には珍しい、きしめんも人気。芳醇な香りのカツオ節と醤油でシンプルに仕上げたダシはすっきりとした味わいで、リピートしたくなるおいしさだ。

1.

2.

3.

4.

名駅　きっさチロル

052-561-2802（予約可）　28席

名古屋市西区牛島町5-3／7:00～11:00、13:00～16:00（土曜は8:00～14:00）／日曜、祝日、振替休日休／各線名古屋駅から徒歩約10分

自家製コンフィチュールが決め手。
かわいい朝食にキュンです

まるで宝石のように
美しく愛らしいパン

モーニング data

7:00～11:00
ドリンクとシャンティールージュスペシャルのセット。
ドリンク代+¥350

※ 11:00以降はシャンティールージュスペシャルのみで650円

11:30～15:00も＋350円でバタートーストから変更可能

1. 創業当時から変わらない店内。木や石、土などの自然素材を使用　**2.** 常連も多く、壁にはコーヒーチケットがずらり　**3.** 季節のコンフィチュールを練り込んで作るパウンドケーキ300円　**4.** リンゴやブルーベリー、バナナなど季節のフルーツを使った自家製コンフィチュール

061 コーヒーハウス かこ 花車本店

今から約50年前に、名古屋で初めて自家焙煎コーヒーを提供。コクと甘みがある豆を丁寧に焙煎して淹れるコーヒーは味わい深く、香り高い。コーヒーと一緒に味わいたいのが、たっぷりの生クリームと自家製あん、季節のコンフィチュールで彩られたシャンティールージュスペシャル。あんには三温糖や岩塩を使用、さっぱりとした甘さでぺろりと食べられる。このパンを目当てに、遠方から訪れる人が多いというのも納得だ。

(国際センター) **コーヒーハウス かこ はなぐるまほんてん**

052-586-0239〈予約不可〉　17席

名古屋市中村区名駅5-16-17／7:00～19:00（LO18:30）、土・日曜、祝日は～17:00（LO16:30）／無休／地下鉄国際センター駅3番出口から徒歩3分

1.テイクアウトのドリンク500円〜にはバナナやイチゴのおまけが付く　2.生ジュースは約30種類　3.全国各地のフルーツが満載

062
トップ・フルーツ八百文

健康のために朝からたっぷりフルーツをとってほしいと、厳選したフルーツを使ったドリンクなどを提供する専門店。パフェ1100円や夏のかき氷1100円も人気。

桜山　トップ・フルーツやおぶん

052-852-0725〈予約不可〉
現在はテイクアウトのみ

名古屋市瑞穂区汐路町1-5／9:00〜17:00（LO16:00）／水曜休／地下鉄桜山駅4番出口から徒歩7分

モーニングdata

9:30〜16:00
やわらかいパンにフルーツたっぷりのサンドイッチ。テイクアウトのみ。　**¥1000**

※ 現在はドリンク、カットフルーツ、サンドイッチのテイクアウトが可能

ほっこりおにぎりモーニング

これが全部コーヒープライス。

心まで温かくなる
おにぎりの朝ごはん

モーニングdata

7:30～10:00
ドリンク代でおにぎり2個、茶碗蒸し、サラダ、お茶が付く。
¥420

※ おにぎりはおかゆやトーストに変更可能

063
白壁カフェ 花ごよみ

落ち着いた佇まいの和風喫茶で味わえるのは、塩加減が絶妙なおにぎりモーニング。天気のよい日はテラス席で楽しむのがおすすめだ。ランチをはじめ、白玉の和パフェ 780円などの甘味も評判。

高岳　しらかべカフェ　はなごよみ
052-931-2346〈予約可※平日は10:30～、土・日曜、祝日は18:00～予約可〉
54席

名古屋市東区主税町4-72 アーバニア主税町／7:30～23:00（ランチ11:00～14:00）／無休／地下鉄高岳駅3番出口から徒歩13分

1.野菜たっぷりでヘルシーなビビンバ950円。甘辛いタレを絡めて味わう　2.季節の花で彩られた外観　3.木目を基調とした店内

朝

もはやモーニングではない。一日中いつでもモーニング

モーニングdata

8:00～18:00
ドリンクと6種類から選べるホットサンド、豆菓子が付く。
¥430～

※ドリンク代＋260円の小倉モーニングセットなどもある

選ぶのもお楽しみ
豊富なホットサンド

いちごジャムとパイナップルのホットサンド、小倉のホットサンド

ハムとキャベツをマヨネーズであえた野菜サラダのホットサンドは食べ応え抜群だ

064
モーニング喫茶リヨン

「モーニングタイム後に来るお客さんに申し訳ないから」と、一日中モーニングを提供。トーストと卵が付く定番以外に、5種類のホットサンドモーニングが楽しめる。ほどよい甘さでパンとの相性が抜群な小倉や、見た目がカラフルなフルーツのほか、野菜サラダなどの総菜系もファンが多い。

名駅　**モーニングきっさリヨン**
052-551-3865〈予約不可〉　35席
名古屋市中村区名駅南1-24-30 名古屋三井ビル本館B1F／8:00～18:00／無休／各線名古屋駅から徒歩5分

ローカルチェーンがやっぱり使える

\ トーストも自家製 /

065
コメダ珈琲店 本店

くつろげる雰囲気で人気を呼ぶ喫茶店

全国に800店以上を展開する喫茶店。「街のリビングルーム」をテーマにゆったりとしたソファを備えたくつろげる空間が人気だ。サンドイッチやバーガーなどパンメニューも豊富。

1. 木とレンガを基調とした、温かみのある店内
2. ミックスサンド640～670円(店舗により異なる)

モーニングdata

6:30～11:00
ドリンクにトースト、ゆで玉子などが付く。
¥430～

※ゆで玉子、おぐらあん、たまごペーストから選択可能

いりなか　コメダこーひーてん ほんてん

052-833-2888〈予約不可〉　200席

名古屋市瑞穂区上山町3-13／6:30～23:30／無休（年末年始は変更の場合あり）／地下鉄いりなか駅2番出口から徒歩13分

\ シンプルで人気 /

1. コーヒー豆はコクのあるフレンチローストを使用
2. 創業以来ほぼ変わらぬ店内。座敷もある

066
支留比亜珈琲 徳川本店

重厚感のある店内で香り高い一杯を堪能

1972年の創業以来、40店舗以上を展開。渋い雰囲気の店内で、深い味わいのブレンドコーヒーが楽しめる。サクッと香ばしいモーニングのトーストなど、パンメニューが充実。

モーニングdata

6:00～11:00
コーヒーなどのドリンクにトースト1枚が付く。
¥420～

※＋100円で小倉、＋50円でジャムが追加できる

森下　しるびあこーひー とくがわほんてん

052-935-6128〈予約可 ※土・日曜、祝日以外、座敷のみ〉　約55席

名古屋市東区徳川2-12-8／6:00～19:00(土・日曜、祝日～18:00)／火曜休／名鉄森下駅から徒歩5分

とれたて鮮魚の市場メシ

〃ピチピチ〃を求めてちょっと早起き。

キンメダイの煮魚定食1800円。厚切りのマグロの刺身や小鉢も付く

その日仕入れた魚を定食や丼で豪快に

067 お食事処 一力

店に入った瞬間に目に飛び込んでくるのは、ずらりと並んだ総菜の数々。市場内という場所柄、その日仕入れた新鮮な魚介を使った料理を提供するとあって、市場関係者や一般客などで朝から大賑わいの食事処だ。ここへ来たらぜひ味わいたいのが、脂ののった旬の魚の煮魚定食。刺身や焼き魚、煮物など多彩な一品料理から2品選べるランチ９５０円のほか、赤身の旨みが濃厚なマグロをたっぷりと盛り付けた鉄火丼９５０円もおすすめだ。

1. その日の総菜がところ狭しと並ぶ。セルフサービスで好きなものを選ぶ
2. 刺身は850円～
3. 名古屋市中央卸売市場内にある店。平日でも混み合う

丼からはみ出る
大きな穴子天！

国産の穴子が2尾付く穴子天丼1000円は食べ応え満点

エビやサーモンなど約18種のネタがのる海鮮丼950円

日比野　**おしょくじどころ いちりき**

052-671-2417〈予約不可〉　**40席**

名古屋市熱田区川並町2-22／5:00～14:00／日・水曜、祝日休／地下鉄日比野駅4番出口から徒歩5分

焼きうどんとは異なる新感覚の焼ききしめん

鉄板で出される焼き太きしめんは香りも格別

068
朝日屋

通常のきしめんの1.5倍の幅がある釜揚げ用の幅広きしめんが自慢。店主が「きしめんをもっと違う食べ方で楽しめないか」と考えついたのが、今では名物となった焼き太きしめん740円〜だ。ダシと自家製のタレで炒めるきしめんは、味が染み込み、食感ももちもち。

味噌味のきしめんは卵でまろやかに

焼きみそ太きしめん840円も人気

名駅　あさひや　052-451-5930〈宴会のみ予約可〉　48席

名古屋市中村区則武1-18-16／11:00〜15:00、17:00〜21:00（LO20:30、土曜は〜20:00）／日曜休／各線名古屋駅から徒歩10分

汗が噴き出る
辛さがたまらない

名物の台湾ラーメン850円

069
中国台湾料理 味仙 JR名古屋駅店

刺激的な辛さに トリコになる客続出

名古屋を代表する台湾ラーメンの元祖。唐辛子やニンニクをたっぷり効かせた一杯は、刺激的な辛さがありつつ旨みも満点で、著名人も足しげく訪れるほどクセになる味わい。

名駅　ちゅうごくたいわんりょうり みせん ジェイアール なごやえきてん　052-581-0330〈予約可〉　86席

名古屋市中村区名駅1-1-4／11:00～23:00(LO22:00)／無休／各線名古屋駅直結

金シャチ横丁店でしか味わえない金シャチ煮込うどん1968円

070
山本屋総本家 金シャチ横丁店 P.043

金シャチに見立てた 海老天付きの限定メニュー！

愛知県岡崎産カクキューの八丁味噌と地元産の白味噌を独自配合したコク深い味と、かためのうどんがこだわり。名古屋城の金シャチに見立てた海老天付きの限定メニューを楽しみたい。

豪快に混ぜて食べたい台湾ミンチと極太麺

台湾ミンチ、卵黄、ニラ、魚粉などが麺にのる元祖台湾まぜそば870円

台湾ミンチの代わりにカットしたチャーシューを具にしたキミスタ900円

071 台湾まぜそば はなび 錦店

台湾ラーメンの具となる台湾ミンチを極太麺にのせた台湾まぜそばの発祥の店。スープがないまぜそばは、ゆでた麺を湯切りザルの中で麺棒でよくこねて、傷をつけると同時に粘りを出し、具と絡みやすいよう手間を加えるのがこだわり。豪快に混ぜて食べることで台湾ミンチや魚粉などの旨みが一体となり、箸が止まらないほどヤミツキに。シメに無料の追い飯を入れて完食するのがおすすめ。平日のランチはライス無料、学生は麺大盛りが無料などのサービスも。

栄　たいわんまぜそば はなび にしきてん

052-962-7500〈予約不可〉　10席

名古屋市中区錦3-12-22 新錦ビル1F ／11:30～14:30、18:00～22:00（LO21:50）／月曜休／地下鉄栄駅1番出口から徒歩4分

名古屋人好物の海老フライ入り

1.

ピカタがメインでボリューミー

2.

まるで大人のお子様ランチ！

3.

072

スパゲッティハウス ヨコイ 住吉本店

辛さがあとを引く あんかけスパ元祖店

昭和38年、当時の店主がミートソースをヒントに日本人が好むようなソースを、と考案し誕生したのが始まり。独特のスパイシーさが特徴のあんかけソースは市販もされるほど大人気。

栄

スパゲッティハウス
ヨコイ
すみよしほんてん

052-241-5571〈予約不可〉 44席

名古屋市中区栄3-10-11 サントウビル2F／11:00 ～ 15:00 (LO14:35)、17:00 ～ 21:00 (LO20:35)／日曜の夜、祝日の夜休／地下鉄栄駅16番出口から徒歩7分

1.海老フライが名古屋めしらしい海老ネーズ1120円　**2.**豚肉ピカタがたっぷりのカントリーピカタ970円　**3.**海賊をイメージしたバイキング920円は魚のフライがオン

超メジャー級！ この一杯もハズせない

073

Sugakiya 大須赤門店

豚骨に和風ダシを合わせたあっさり味の一杯が老若男女に支持を受けるラーメンチェーン。北海道産大納言小豆100％を使用したクリームぜんざいもぜひ。

愛知県民のソウルフード！

特製ラーメン480円とクリームぜんざい240円

上前津　スガキヤ おおすあかもんてん　052-261-0895〈予約不可〉 52席

名古屋市中区大須3-30-8 市野ビル1F／10:30～20:30 (LO20:00)／無休／地下鉄上前津駅から徒歩4分

創業当時から今もなお愛される秘密とは？
コンパルのことちゃんと知りたい

エビフライサンド980円。玉子や自家製タルタルソースも美味

074 コンパル 大須本店

戦後すぐの昭和22年に創業し、名古屋独自の喫茶文化を牽引してきたコンパル。長年レストランで腕を磨いていたシェフをスカウトし、昭和35年から本格的なサンドイッチメニューが誕生。エビフライが3本も入った名物のエビフライサンドをはじめ、サンドイッチは食事としても十分なボリュームと発売当時から話題に。ホットコーヒーより濃く抽出したコーヒーを氷の入ったグラスに自分で注ぐアイスコーヒー420円も当時では斬新なオリジナリティの高い一品。

上前津　コンパル おおすほんてん

052-241-3883〈持ち帰りサンドイッチのみ予約可〉　86席

名古屋市中区大須3-20-19／8:00～19:00（LO18:45）／無休／地下鉄上前津駅12番出口から徒歩3分

卵は贅沢な
名古屋コーチン

3.

揚げたての
カツがIN！

4.

シンプルで
懐かしい味

5.

1. 昔ながらのレトロな雰囲気の店内　**2.** ドリンク代に＋130円でエッグトーストが付くモーニング　**3.** 濃厚なコーチン玉子サンド700円
4. ソースも自家製のポークカツサンド750円
5. ミックスサンド650円は野菜がたっぷり

1.

2.

ローカルチェーンの名物ランチ

人気のサンド！

コメダ珈琲店のミックスサンド

▷P.075

ボリューム感があるミックスサンド640～670円（店舗により異なる）はサンドイッチの中でも人気。フレッシュなレタスやキュウリとお店で手作りされるたまごペーストのほどよい塩味がマッチする。

食事にも最適！

支留比亜珈琲のカルボトースト

▷P.075

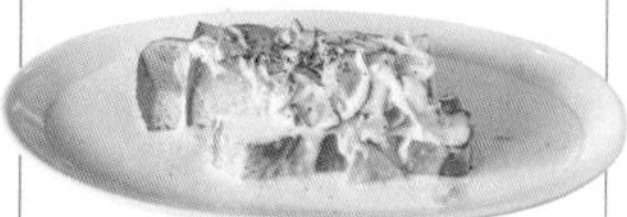

生クリームとゴーダチーズを使用した濃厚なクリームソースを、厚切りトーストにたっぷりとかけたカルボトースト680円は先代社長が考案した名物メニュー。玉ねぎやピーマンの食感がアクセントだ。

赤レンガ建築が美しい。
ノリタケの森でフレンチ

異国情緒満点の
庭園は散策にも最適

1.

2.

076
レストラン キルン

ノリタケの食器が料理を一層華やかに

ノリタケの食器と共に華やかで本格的な創作フレンチを堪能できる。料理は月替わりのコース仕立てで、メインを1品選べるショートコース、肉と魚料理が付くフルコースの2種類がスタンバイ。

1. 緑あふれる美しい庭園を眺めながら食事を楽しめる優雅な店内 **2.** メインは肉か魚から選べるガーデンランチ2800円

052-561-7304〈予約可〉 **40席**

11:30〜16:00(土・日曜、祝日は〜17:00、ランチタイムは〜14:30、ティータイムは14:30〜)/ノリタケの森に準ずる

1. 今では希少なオールドノリタケを展示するミュージアム　2. テーブル関連の雑貨がそろうノリタケ直営店「ノリタケスクエア名古屋」(21年秋頃まで休業)

075
ノリタケの森

陶磁器メーカー「ノリタケ」が運営する複合施設。施設内には1904年の創業時に建てられた赤レンガ建築の建物や噴水広場などがあり、まるでヨーロッパの街並みのよう。カフェやレストランのほか、ミュージアムやショップもあり、一日中のんびり楽しむことができる。

亀島

ノリタケのもり

052-561-7114

名古屋市西区則武新町3-1-36／9:00〜19:00(ショップ10：00〜18：00、ほか施設により異なる)／月曜休(祝日の場合翌日休)／地下鉄亀島駅2番出口から徒歩5分

077
カフェ
ダイヤモンドデイズ

温もりが広がる空間も魅力のカフェ

ノリタケが提案する「テーブルから広がる心地よい暮らし」がテーマで、店内は温かみのあるインテリア。1人でも気軽にくつろぎのひと時を満喫できる。

1. 店内はウッドテーブルやファブリックをセンスよく配置　2. カフェランチ1580円は3種から選ぶメインにサラダ、スープが付く

052-561-7304〈予約不可〉　48席

11:00〜18：00(ランチタイムは11:00〜14：30)／ノリタケの森に準ずる(21年秋頃まで改装工事により休業)

調味料まで自家製のこだわりキューバサンド

1. 名物のキューバサンドフリットセット1100円（税別） **2.** サーモンとアボカドのタルタルサンドフリットセット1100円（税別）。共にサラダ・ドリンク付き **3.** キューバの街をイメージした陽気な店内

078 de la cuba

「モホローストポーク」と呼ばれる、柑橘類とハーブに漬け込んで低温調理したローストポークに、ロースハム、チェダーチーズなどを挟んだキューバサンド700円（税別）が自慢。タルタルソースやマスタードソース、ドレッシングなどはすべて自家製。食材は国産を厳選するなど、地産地消と無添加にこだわっている。サンドとセットにできるフリット（＋400円税別）も旬の野菜を使い、冷凍することなく揚げたてを提供。一品料理や酒類も充実している。

藤が丘 **デラキューバ**

080-2589-3271〈予約可〉 **26席**

名古屋市名東区朝日が丘101 ラ・メゾン藤が丘1F／11:00～22:00（LO21:00）／水曜休／地下鉄藤が丘駅から徒歩5分

何種類もの具が楽しい♪

多彩な味の自家製
ベトナムハム＆レ
バーペースト680円

サバとトマトが絶妙の相性

一から手作りの 具だくさんバインミー

SAVAのトマト煮680円
はソースも自家製

バインミー初心者にも◎！

王道コンビで食べ
やすいアボカド＆
シュリンプ680円

079 アオサンズ

ベトナムのソウルフードともいえるサンドイッチ、バインミーの専門店。バインミー好きの女性店主が現地に渡り、調味料や家庭料理を学び、店主流に味をアレンジ。子供からお年寄りまで安心して食べられるよう、無添加にこだわり、すべて一から手作り。一番人気は3種類のハム、ベトナムチャーシュー、レバーペーストなどを挟んだ自家製ベトナムハム＆レバーペースト。本場の味を再現した鶏のフォー430円などサイドフードも楽しめる。

大須観音

090-9123-3580〈テイクアウト商品のみ予約可〉 7席

名古屋市中区大須2-6-22／11:00～19:30（LO、なくなり次第終了）／月曜休、不定休（月曜が祝日の場合は翌日休）／地下鉄大須観音駅2番出口から徒歩4分

昔ながらの洋食屋さん

子供時代の憧れが詰まってる。

年季を感じさせる 手作りの味に和む

やわらかな牛タンに驚かされるタンシチュー1850円

080 御幸亭

大正12年から暖簾を守り続け、今もなお味が変わらない名古屋を代表する老舗洋食店。たとえば牛タンシチューなどに使われるデミグラスソースは、焦げる手前までじっくり炒めてコクを出し、鶏ガラスープや野菜などと煮込み、約1ヵ月かけて仕込むこだわりよう。マヨネーズやケチャップなども自家製で、決してほかでは味わえない本格派ながら手作りのやさしい味わいを堪能できる。創業当時から親子三代にわたり通い続ける常連客も少なくない。

1.

3.

2.

1. ラードで揚げた上ロースのトンカツをのせたトンカツカレー1300円　**2.** 昔懐かしい古時計などが飾られたレトロな店内　**3.** 今では珍しいサンプルが入ったショーケース

ハヤシライス1050円

エビフライ定食1600円

上前津　**みゆきてい**

052-241-0741

〈予約不可〉　25席

名古屋市中区大須3-39-45／11:00～14:30(土・日曜は11:00～14:30、17:30～19:30）／水曜休／地下鉄上前津駅8番出口から徒歩4分

オムライス1050円

目にも美しいカフェタイム。

庭園VIEWで心静かなひと時

歴史を感じさせる
風流な景観に心奪われる

歴史的建造物と純和風庭園が風流な佇まい。秋は紅葉も楽しめる

2.

3.

4.

081
蘇山荘

池泉回遊式の日本庭園が広がる徳川園内にあり、名古屋汎太平洋平和博覧会の迎賓館を移築した歴史的建造物。国の有形文化財にも登録されている。現在は和カフェとして一般開放されており、情緒漂う日本家屋で庭園を眺めながら昔懐かしい洋食やスイーツを堪能できる。

80年以上前に建てられた建造物を移築し、リノベーションして現在の姿に

森下 **そざんそう**

052-932-7882

〈予約不可〉 **30席**

名古屋市東区徳川町1001／10：00～17:00（LO16:30）／月曜休（祝日の場合は翌日休）／名鉄森下駅から徒歩10分

1.

1. 窓際席からは絵画のような日本庭園の眺望　**2.** ジャージー牛乳味の徳川アイス最中550円　**3.** 地元の商業高校の生徒が養蜂しているはちみつを使う季節のクレームブリュレ550円　**4.** 愛知の老舗とコラボした名古屋ハヤシライス1100円

082 台湾屋台 SARIKAKA

台湾人のスタッフが切り盛りする本場さながらの台湾屋台。調味料やスパイスなどは現地から仕入れ、本格的な台湾グルメを提供する。トロトロに煮込んだ牛スジと牛肉がたっぷりのスパイシーな牛肉麺（ニュウローメン）や、豚バラ肉を特製香味料で炒め、ご飯にのせた滷肉飯（ルーローハン）は現地人も絶賛するほど。台湾定番の唐揚げ、台湾鶏排（ジーパイ）は食べ歩きグルメとしても人気だ。

旅気分が味わえる台湾屋台グルメ

1.

2.

この辛さがクセになる

3.

1. 屋台の味を再現した滷肉飯700円　**2.** 台湾鶏排500円はスパイシーな衣も美味　**3.** ピリ辛スープが特徴の牛肉麺1100円

(大須観音) たいわんやたいサリカカ

☎052-253-7729〈予約可〉　35席（テラス席を含む）

名古屋市中区大須3-24-21／11：30～19：00（土・日曜、祝日は～20：00）／月曜休（祝日の場合は翌日休）／地下鉄大須観音駅から徒歩5分

味も雰囲気もまさに台湾！

大鶏排ランチ1210円

滷肉飯ランチ1100円

男性にも人気な
台湾唐揚げ

083
Taipei's

家具や食器などを台湾で買い付け、本場の雰囲気を再現。ランチは台湾の屋台料理をメインとした定食スタイルのメニューが5種類。台湾人気ブランドの洋服やグッズも販売している。

矢場町

タイペイズ

052-242-6228
〈予約可〉 35席

名古屋市中区栄3-19-20 GL栄ビル1F／11:30 ～ 15:00（LO14:30）、18:00 ～ 22:00（LO21:30）／月曜休（祝日の場合は翌日休）／地下鉄矢場町駅6番出口から徒歩5分

現地で学んだ味を忠実に再現

えびはプリプリ
皮はもちもち！

パクチーえび
水餃子660円

鹹豆漿（シェントウジャン）
550円

084
百花茶荘

素材と手作りにこだわり、店主が台湾で見つけた本当によいものだけを提供。パクチーえび水餃子は“ちょい飲み”や大須の“食べ歩き”に、栄養満点の鹹豆漿はダイエット中におすすめ。

矢場町

ひゃっかちゃそう

なし 12席

名古屋市中区大須3-8-20／11:00～20:00(売り切れ次第終了)／不定休／地下鉄矢場町駅4番出口、上前津駅9番出口から徒歩5分

見た目とウラハラな繊細さ…

どて焼きでちょっと一杯

継ぎ足し続けたタレがおいしさのヒミツ

1. 玉子、こんにゃく、赤棒など、味噌おでんはどれも1品99円　**2.** グツグツと煮込む様子を目の前で見ることができる　**3. 4.** 串カツ、どて煮は1本88円。ビールがどんどん進む

085 八幡屋

1954年（昭和29年）創業の活気ある老舗居酒屋。戦前からの味を3代目店主が今なお守り続けている。店先に置かれた巨大鍋と炭火焼き台で、どて煮や串物が続々とできあがり、そのそばから注文がひっきりなしに入る。リーズナブルな串やおでんを広めの店内で食べてもよし、店先で立ち飲みしたり、テイクアウトするのもよし。60年以上継ぎ足しながら使われてきた、ディープな味噌ダレを味わってみて。

亀島　やはたや

052-571-3945〈予約可〉　36席

名古屋市西区名駅2-18-7／11:30〜13:00、17:00〜21:30（LO21:00）、土曜16：00〜20：30（LO20：00）／日曜、祝日休／地下鉄亀島駅3番出口から徒歩6分

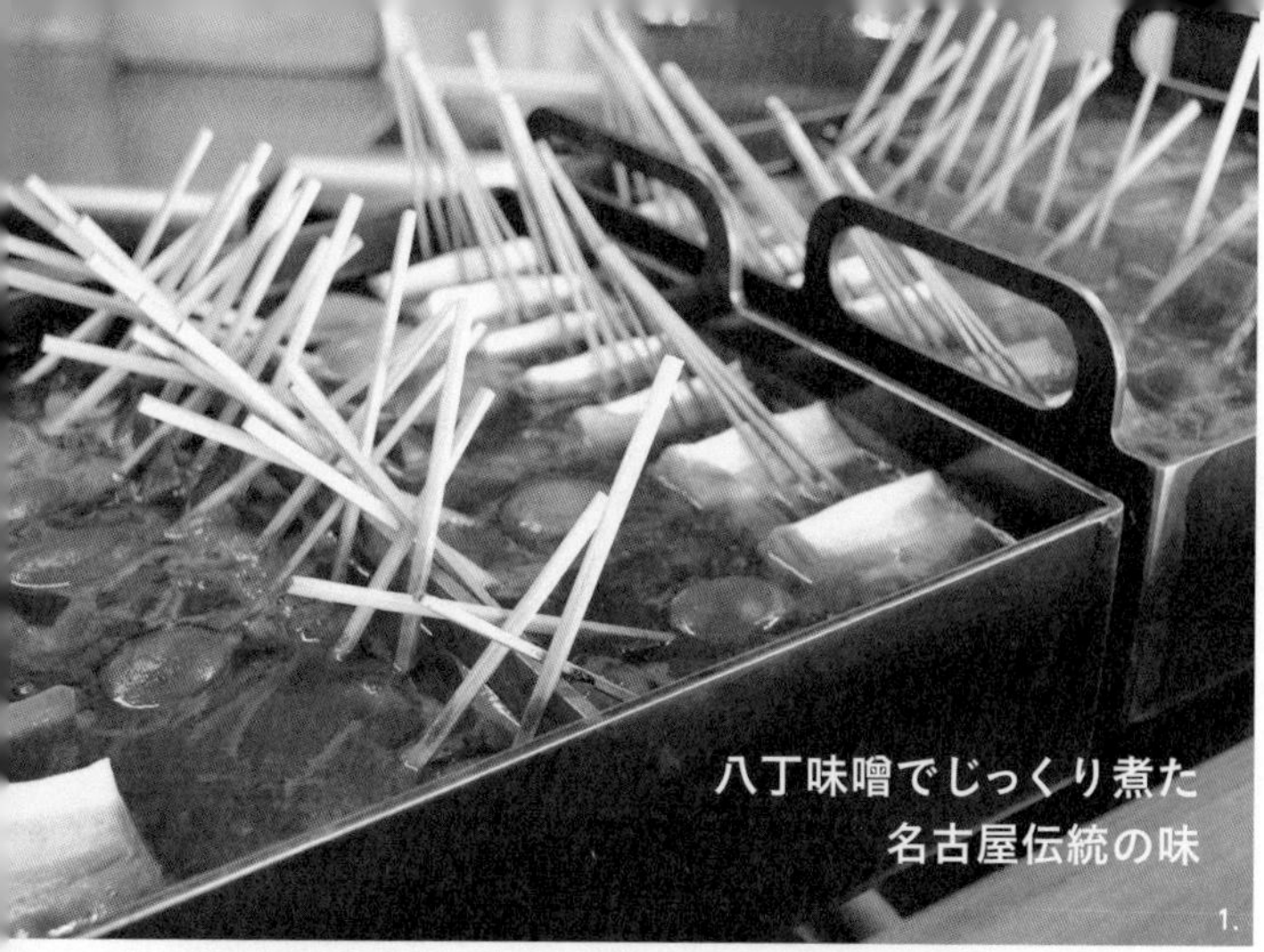

八丁味噌でじっくり煮た
名古屋伝統の味

1. 具材から出るダシと赤味噌でコクのあるまろやかな味に　2. どて焼き盛り合わせ1320円。豆腐や里芋も八丁味噌に合う　3. トロトロふわふわなオムレツ牛すじのせ660円

086
島正

看板メニューのどて焼きは、1949年（昭和24年）に屋台で創業して以来の人気。八丁味噌でグツグツと煮込まれた大根、牛スジ、里芋、玉子は、茶色を通り越して黒に近い色に。ビールや日本酒に合うコクのある味は、観光客も地元サラリーマンも分け隔てなく笑顔にしてくれる。揚げたての串カツを味噌にサッとくぐらせた味噌串カツも美味。牛スジをご飯にのせた「どてめし」など、どて焼きから派生したメニューもいっぱい。あれもこれも試したくなる。

伏見　しましょう

052-231-5977〈宴会席のみ予約可〉　30席

名古屋市中区栄2-1-19／17：00〜22：00／土・日曜、祝日休／地下鉄伏見駅5番出口から徒歩2分

地鶏界の大スター。名古屋コーチンを食べつくす

贅沢の極み、肉も卵もコーチン

濃厚な卵黄が中央で存在感を示す、幻のコーチン親子丼1890円

087 鳥椀 伏見店

和風で落ち着ける雰囲気の鶏料理専門店。鶏の鮮度、塩やタレ、焼き加減などにこだわり、素材のポテンシャルを最大限に引き出している。名古屋が誇るブランド地鶏・名古屋コーチンを使ったメニューも多数。〆にオススメの「幻の親子丼」は、名古屋コーチンを炭火で炙り、卵3個を使ってふわふわに仕上げた逸品だ。絶妙な火加減で生み出されたプリプリの食感をぜひ味わって。名古屋コーチン初体験の人に食べてもらいたいのが「手羽先唐揚げ食べ比べ」7

1. 女子に大人気！ 鶏マヨ650円　2. 名物の鶏料理をお値打ちに食べられるコースが豊富
3. 若鶏の唐揚げ580円。鶏料理の基本の一品　4. パリッと焼かれた名古屋コーチン皮390円

20円。ノンブランドの若鶏と名古屋コーチンの手羽先が2本ずつ提供され、味や食感の違いを比べられる。個室、カウンター、ロフト宴会席などがあり、デートや宴会などさまざまなシチュエーションで利用できる。お得なコースもあるので上手に活用しよう。

伏見　ちょうわん ふしみてん

052-212-0606〈予約可〉　44席

名古屋市中区錦1-17-17／11:30～14:00(月～金のみ)、17:00～23:00／日曜休、3連休の最終日休／地下鉄伏見駅8番出口から徒歩5分

名古屋流のマリアージュ。

ワインとおでんの出会い

味噌とワインが意外と合うんです

濃厚そうな見た目だが、あっさり味。味噌おでん盛り合わせ1342円〜

これが名古屋の新名物!

1.

2.

3.

4.

1. デミソースと赤味噌で作る名古屋ハヤシ858円
2. これまた珍しい組み合わせのアボカド＆赤味噌
3. トマトのおでん418円　**4.** すじ煮のお供にガーリックトーストを

088 おでん&ワイン カモシヤ

お一人様でも気軽に飲みに行ける、ちょい飲みスタイルの和バル。赤味噌ベースのおでんと、国内外からセレクトしたワインのマリアージュが楽しめる。しじみと牛からダシを取り、砂糖を一切使わず甘みを抑えたおでんは、ワインとの相性バッチリだ。ソムリエの資格を持つ店主は、ワイン選びにもこだわりが。グラスワインのほか、ボトルワインを約80種類ストックしている。何度か通って、いろんなワインと料理を合わせてみるのもおもしろい。

栄　**おでんアンドワイン カモシヤ**

052-963-6730〈予約可〉　24席

名古屋市中区錦3-6-18 森万ビル1F／16：00～24：00／不定休／地下鉄栄駅2番出口から徒歩1分

名古屋名物でビールが進む。

迷ったら名古屋メシ居酒屋

名古屋メシや南知多の魚介がウマい！

1. 味噌ダレがおいしい鶏ちゃん焼き1628円　2. 愛知の赤味噌を使った和牛ホルモンのどて煮
3.「コーチンのひきずり鍋」は鶏肉のすき焼き　4. ひつまぶしは白醤油が隠し味

089
創作名古屋めし まかまか本店

どて煮や味噌カツといった名古屋メシはもちろん、岐阜名物のけいちゃん焼きを名古屋流にアレンジした料理や、篠島漁協直送のしらすなど、東海エリアのグルメが幅広く味わえる。味の異なる「金の手羽先」「銀の手羽先」も人気。2つを食べ比べてみるのもおもしろい。まかまかグループの代表が南知多町観光釣り大使を務めているだけあって、南知多から仕入れる新鮮な魚介も自慢。地酒は希少銘柄も含め常時20種類以上。全席仕切られているので安心だ。

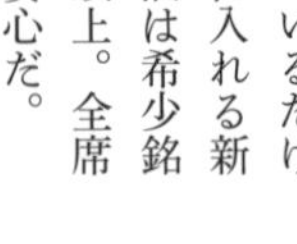

栄　そうさくなごやめし まかまかほんてん

052-249-5526〈予約可〉　52席

名古屋市中区栄3-11-13 GKビル2F／17：00～24：00（LO23：30）／無休／地下鉄栄駅8番出口から徒歩9分

昭和31年創業！名古屋の老舗居酒屋

1. 甘辛ダレを絡めた手羽先唐揚げ3本495円　**2.** 赤味噌で長時間煮込んだ味噌おでん　**3.** どて味噌串かつ1本198円。コクのある味　**4.** 愛嬌ある天むすは名古屋市「はち丸」をイメージ

090
伍味酉 栄本店

手羽先、味噌おでん、どて煮、海老フライ、きしめんなど「名古屋メシ」と聞いて思いつくものは、ほとんど用意されている。昭和31年（1956年）の創業以来、代々受け継がれた秘伝のタレ・ダシ・味噌を使い、日々工夫を凝らすことで、どのメニューも伍味酉にしか出せない味に昇華。県外からのゲストをもてなすのにオススメの店だ。店内には骨董品が並べられ、ノスタルジックな雰囲気。朝の5時まで営業しているので、2・3軒目使いにもぴったり。

栄　ごみとり さかえほんてん

052-241-0041〈予約可〉　200席

名古屋市中区栄3-9-13／17：00～翌5：00／無休／地下鉄栄駅8番出口から徒歩8分

地産地消がモットー。
地元素材が美食に昇華

澄んだ味のフレンチに
お腹も心も大満足

三河赤鶏と保美豚を使ったパテアンクルトは完成まで3～4日かかる。コースは7700円～

091
Le Pont du Gard Yukinobu Tsukidate

久屋大通

ル ポンデュガール ユキノブ ツキダテ

「お客様の食べる瞬間の顔が見たい」と、席はテーブル2つとカウンターのみ。地元でとれた肉や野菜を丁寧に下ごしらえして、フランス仕込みの技術で魅力を最大限に引き出す。基本コースで提供される料理は盛り付けも繊細。希少な自然派ワインと合わせて味わいたい。

052-953-8878〈予約可〉 **12席**

名古屋市中区丸の内3-17-30 戸谷ビル1F／11：30～14：30（LO14：00、昼は水・金曜休）、18：00～23：00（LO22：00、夜は日曜休）／月曜休／地下鉄久屋大通駅西改札口1番出口から徒歩4分

発酵・熟成・乾燥を極め 独自の世界観を表現

1. 麹をふるったギンナンなど地元野菜の八寸　2. 20日間熟成させたハタ。コースは3540円～

092
和N

星ヶ丘

わエヌ

「地産地消」を掲げるこちらのお店。肉・魚・野菜だけでなく、調味料まで地産にこだわり、料理に使う調味料はすべて発酵室で手作りしている。乳酸発酵させたキャベツや、キンカンの皮に包まれたジャガイモなど、とことん手間暇をかけたオリジナル料理を堪能しよう。

☎ **052-212-9079〈要予約〉** 席 **16席**

名古屋市名東区名東本通3-53 リード星が丘1F／11：30～14：00、18：00～22：00／水曜、第1・3日曜休／地下鉄星ヶ丘駅5番出口から徒歩10分

093 La Peche

パリ、東京、ニューカレドニアなどで技を磨いたシェフが、気軽にフランス料理を食べてほしいと開いたビストロ。上前津駅から徒歩1分の店の前を通ると、食欲をそそる香りが店外にまで漂ってくる。コースは前菜＋メイン＋デザートを選ぶスタイル。この3品だけで十二分にお腹いっぱいになれる。デートにも仲間との女子会にも、使い勝手よく利用できそう。

辣腕シェフが繰り出す
パリの香り漂う逸品

1. 店内は気取らず過ごせる雰囲気 **2.** ゆっくり火入れした子羊ロースト2848円〜。パテやレバームースは自家製 **3.** ドライフルーツやメレンゲなどで作るアイス **4.** ブルゴーニュ風エスカルゴ1528円

バターが香ります♪

上前津　**ラペッシュ**　052-262-8689〈予約可〉　20席

名古屋市中区大須4-13-46 ウィストリアビル1F ／11：30〜15：00(LO14：00)、18：00〜23：00／水曜休／地下鉄上前津駅2番出口から徒歩1分

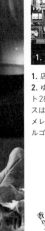

094 Bistorot Pouffer

店主の「安くて旨いフレンチを定食感覚で食べてほしい」との思いから、出てくる料理はどれもボリューム満点。素材にこだわり、味も洗練されているが、お高くとまっていないのが好印象だ。ワインセラーには１００種類以上のワインが並び、説明文と値段を見て自分でチョイスする。あまりにも破格値のため、目をうたがう。５名以上はコースのみだが、料理６品＋デザート２品で３７４０円と圧倒的にコスパがよくオススメ。

2.

ボリュームたっぷり

3.

技ありビストロで
豪快に食べて飲む！

1.

1. 約350gの豚ロースをオーブンでゆっくりロースト　**2.** 脂のノリがよいタスマニア産サーモンをマリネに　**3.** ホタテの旨みたっぷりのマカロニグラタン　**4.** リラックスして過ごせる雰囲気

4.

池下　**ビストロ プーフェ**　052-763-2550〈予約可〉　22席

名古屋市千種区向陽1-12-28 ハイホーム向陽苑1F／12：00～14：30(LO13：30)、17：45～22：30(LO21：45)、土・日曜、祝日は～22：00(LO21：00)／月曜休、月1回火曜休／地下鉄池下駅1番出口から徒歩5分

極上肉料理にノックアウト

あふれる肉汁と旨みに溺れる。

大きな牛肉の塊をシェフがサッと焼き上げる様子が間近で見られる

095 本格肉料理　丸小

明治28年（1895年）に創業した食肉卸「丸小本店」が展開する肉料理レストラン。しっかりと脂が入り込んだ霜降り肉を見極めて仕入れている。牛のブランドにこだわらないところが目利きとしての自信の表れ。黒毛和牛の味わいを存分に楽しむなら鉄板焼きがオススメだ。絶妙な技術でシェフが焼き上げてくれたステーキは、うっとりするおいしさ。内側に閉じ込められた肉汁が、口の中にジュワッと広がっていく。薬味としてわさびと塩が用意されているの

全国各地から厳選した
やわらか和牛に感動

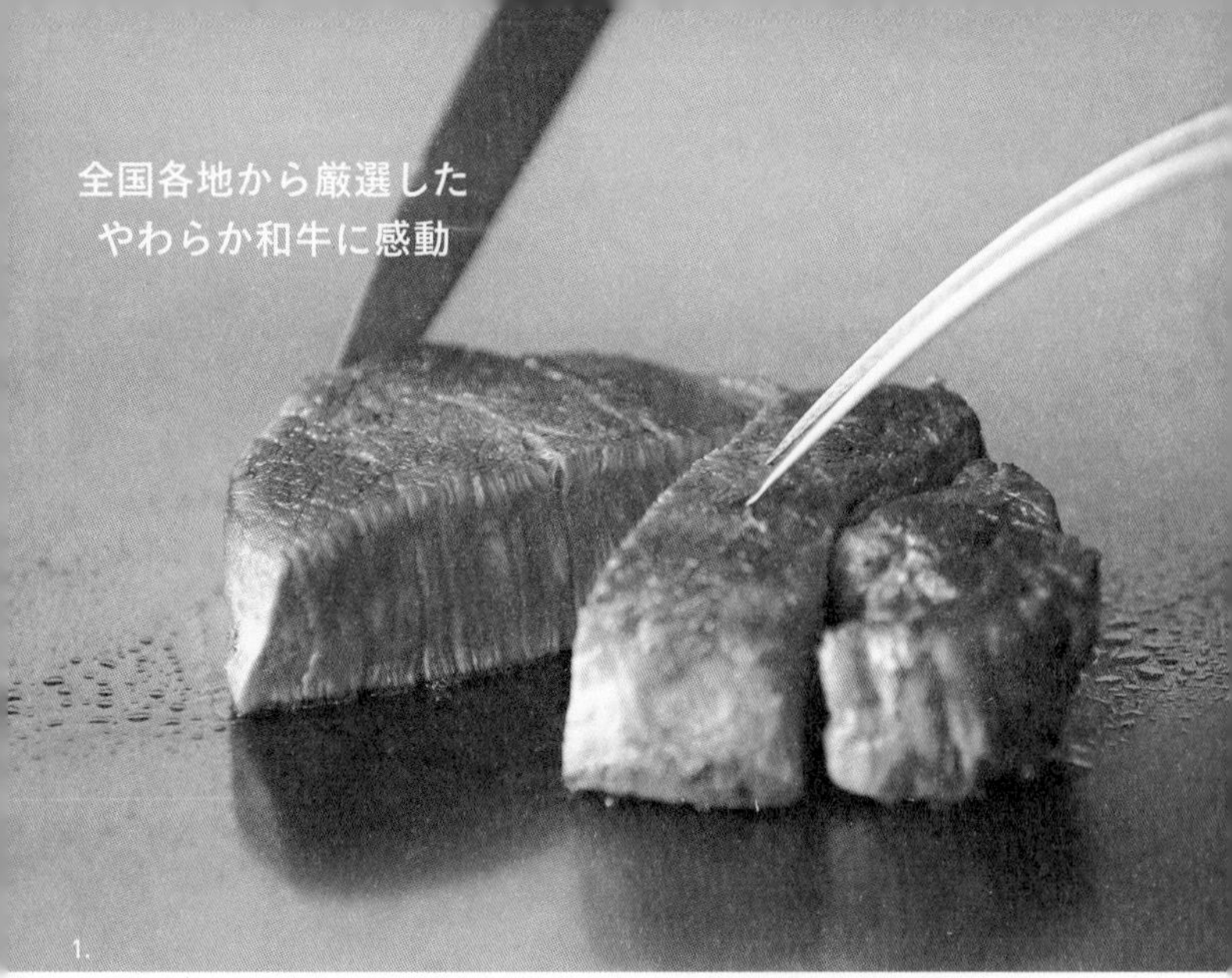

1. ステーキはヒレ（100g4300円〜）とサーロイン（100g5300円〜）から選べる　**2.** 鉄板ステーキ用のカウンター。ほかにテーブル席やお座敷も　**3.** ステーキには野菜盛り付き

で、アクセントにどうぞ。秘伝の割り下でまろやかな味わいのすき焼きや、あっさりした味わいのしゃぶしゃぶ、備長炭でいただく炭焼き肉なども。すき焼きはレストランがオープンした昭和25年（1950年）から続く人気メニューだ。

新栄町　**ほんかくにくりょうり まるこ**

052-931-4015〈予約可〉　**94席**

名古屋市中区東桜2-18-24 サンマルコビル1F／11：30〜14：00（LO13：30)、17：00〜22：00（LO21．30）／日曜、祝日休／地下鉄新栄町駅1番出口から徒歩3分

名建築で本格タイ料理

歴史感じる洋館へようこそ。

096 タイ料理レストラン サイアムガーデン

大正5年（1916年）に納屋橋のたもとに建築された、趣あるビルで営むタイ料理レストラン。昭和初期にはタイ領事館が置かれていた歴史ある空間が料理に華を添える。トムヤムクンやカレーなど代表的なタイ料理をはじめとしてメニューは多彩。タイで腕を磨いた料理長が作り出す料理は、ハーブやスパイスを駆使した繊細かつ複雑なものばかり。酸味・辛み・甘みなど、味覚のバランスが絶妙な逸品を堪能あれ。

1. トムヤムクン1800円や鶏肉タイ風グリルなどが楽しめるコース　**2.** 内装や調度品もレトロでハイソな雰囲気　**3.** 辛いけれど爽やかな口当たりの鶏肉のグリーンカレー1550円

伏見　**タイりょうりレストラン サイアムガーデン**

052-222-8600〈予約可〉　**54席**

名古屋市中区錦1-15-17／11：30～14：30（LO14：00）、17：30～22：00（LO21：00）／不定休／地下鉄伏見駅8番出口から徒歩5分

旧タイ領事館の洋館で
本格エスニック料理

名古屋随一のブリュワリーへ。できたてクラフトビールで乾杯

味も香りもさまざま
鮮度抜群！ クラフトビール

苦みのある黒ラガーからフルーティなオレンジまで色とりどり

097 Y.market Brewing Kitchen

1階のブリュワリーで醸造したクラフトビールが飲める。ホップの種類を変えたり、フルーツを入れたり、燻製した麦を使ったり、ビールにこれほどのバリエーションがあるのかと驚かされる。お店に用意されたこだわりオリジナルビールは常時10

いろんな味を
試してみて

(国際センター) ワイマーケットブリューイングキッチン

052-533-5151〈予約可〉 60席

名古屋市中村区名駅4-17-6-2F／15：00～23：00（土・日曜、祝日は11：30～）／無休／地下鉄国際センター駅4番出口から徒歩3分

種類ほど。毎月5〜6種類の新作が登場するので、訪れるたびに新しい味に出会える。ビールに合う料理も種類が豊富。メキシカンな要素を取り入れた名古屋メシや、スパイスの効いたチキン料理など、クラフトビールと共に味わおう。

1. 専用のロティサリーオーブンで焼き上げたジューシーなチキン。1羽1840円　**2.** クラフトビールは1階の醸造所で造られる　**3.** フレッシュなビールをカウンターで注いでくれる　**4.** 廊下にはビールの樽がズラリ

濃いめの味付けで
ビールが進む！

メキシコ料理のワカモレ850円と、馬すじのビールどて煮630円

これが名古屋飲みの常識。〆はカレーうどんで決まり

トロトロでスパイシー♪
昔懐かしい味わい

カレーうどん800円。スパイスがたっぷり使われているが辛くない

098
うどん錦

繁華街のど真ん中に佇むうどん店。職人気質の店主が営んで40年以上になる。飲んだあとの〆に訪れるお客さんが多く、数あるメニューの中で9割以上の人はカレーうどんを注文する。太めの自家製麺にトロリとした黄色いスープが絡み合い、ほっと心が安らぐ味だ。

うどん

栄

うどんにしき

052-951-1789〈予約不可〉 **11席**

名古屋市中区錦3-18-9 錦花園ビル1F／11：30～13：30、17：30～翌2：00（土曜は19：00～翌2：00の夜のみ）／日曜、祝日休／地下鉄栄駅1番出口から徒歩3分

旨さの決め手はダシ！ リピーター続出中

1. 昼のランチはうどんが中心。夜は小粋な居酒屋に早変わり。カウンターやテーブル席で、しっとりと過ごせる　**2.** ビルの２階にあるお店。白い暖簾が目印

カレー煮込みうどん858円。レアな日本酒と合わせるのも楽しい

099
名古屋うどん酒場 つるこう

日本酒ラインナップにこだわる居酒屋。「名古屋ブラック煮込みうどん」「八丁味噌煮込みうどん」などうどんも充実している。「カレー煮込みうどん」はムロアジやシイタケなどでダシを取り、24種類ものスパイスが溶け込んだスープが自慢だ。

伏見

なごやうどんさかば つるこう

052-228-7400〈予約可〉　37席

名古屋市中区栄3-21-22 パルナス本町ビル2F／11：30〜14：30(LO14：00)、18：00〜22：00 (LO21：30) ／日曜、祝日の月曜休／地下鉄伏見駅6番出口から徒歩6分

NAGOYA GOURMET COLUMN-③

味噌カツでおなじみの
矢場とん、進化中。

全国に20以上の店舗を展開する味噌カツ界のレジェンド・矢場とん。
新業態居酒屋やグッズショップもオープンし、今後も目が離せない！

矢場とん 矢場町本店

トンカツには当然味噌でしょ

言わずと知れた老舗味噌カツ専門店。南九州産の厳選された豚肉をカリッふわっと揚げ、1年半熟成させた豆味噌で作る秘伝のタレで食す。味噌ダレはサラッとした口当たりでくどくない。ビッグサイズの「わらじとんかつ定食」1800円など、名古屋に来たら一度は食べておきたい味だ。

希少な厚切りリブがウマい！極上リブ鉄板とんかつ定食1900円

矢場町 やばとん やばちょうほんてん ☎052-252-8810〈予約可〉 135席

名古屋市中区大須3-6-18／11：00～21：00／無休／地下鉄矢場町駅4番出口から徒歩5分

NEW

YABATON SHOP

本店横にできた矢場とん専門ショップ。こだわりの味噌カツを自宅で楽しめる「おうちde矢場とん」シリーズや、名古屋土産にもってこいのオリジナルグッズなどを販売中。

矢場町 ヤバトン ショップ

☎052-684-8100

名古屋市中区大須3-6-13／11：00～21：00／無休／地下鉄矢場町駅4番出口から徒歩5分

NEW

昔の矢場とん

創業当時の矢場とんをコンセプトにした居酒屋。なんとココには味噌カツがない！秘伝の味噌を使ったみそおでん150円～や、サックリ食感の串カツ150円などが味わえる。

大須観音 むかしのやばとん

☎052-202-8810〈予約可〉 76席

名古屋市中区大須2-21-32／11：00～21：00／無休／地下鉄大須観音駅2番出口から徒歩4分

NO. 103→114

CHAPTER 6

旅気分で
ちょっと遠出

A SHORT TRIP TO

海の幸とのどかな風景を求めて

日間賀島

HIMAKAJIMA

名古屋駅から名鉄河和線で河和駅へ。河和駅から無料送迎バスで河和港へ。河和港から高速船で約20分。または河和駅から知多バスで師崎港へ。師崎港から高速船で10分。

雄大な海と自然 島グルメを満喫

三河湾にぽっかりと浮かぶ日間賀島。知多半島の河和港や師崎港からフェリーで気軽に訪れることができるとあって人気の島だ。島全域は三河湾国定公園に指定され、海だけではなく緑も豊か。1周約5・5㎞とコンパクトなサイズなので、レンタサイクルで回るのも、のんびり歩いて巡るのもおすすめだ。島内には海を望むスポットなど、見どころが点在。お腹が空いたらおしゃれなカフェをはじめ、スイーツや季節ごとの新鮮な魚介類を味わえる店で島グルメに舌鼓。五感で楽しむ島旅行へ出かけよう。

師崎港から日間賀島行きの船に乗って出発！日間賀島西港と東港で下船できる

島の東端、小高い丘の上にある恋人ブランコ。海に向かって漕ぎ出そう

のどかな島の集落の中をのんびりとお散歩しよう

日間賀島西港

サンライズビーチにある展望台からは広大な海や美しい朝日を一望

10〜20分だけの船旅だけど、旅行気分が味わえて気分もリフレッシュ

至るところで見かける名物のタコの一夜干し

美しい島へ
ようこそ！

ユニークなタコのオブジェが港でお出迎え

Ⓐ KITCHEN macha

地元の魚介を使ったカジュアルな料理

西港の目の前にある、カジュアルレストラン。島にないような料理を楽しんでほしいと店主が作る料理は、新鮮な魚介を使ったアヒージョやパスタなどアイデア豊かな一皿だ。ガーリックたこ飯ボール650円などテイクアウトも人気。

キッチンマチャ

0569-68-3113〈11:30までに来店の場合のみ予約可〉 21席

知多郡南知多町日間賀島西浜2／10:00～21:30（17:00以降は予約制）／火曜休／日間賀島西港から徒歩1分

Ⓐ

A-2.

A-3.

A-1.

A-1. タコの入ったアヒージョ（バゲット付）1350円。ほかにもタイラ貝やエビなど日間賀島の魚介を使用　**A-2.** しゃれた看板が目を引く外観。テラス席もある　**A-3.** 代表の大西正和さん

Ⓑ 鈴円本舗

すずえん
ほんぽ

おいしいから
一回食べてみて！

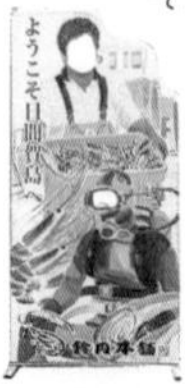

焼きたて熱々の姿焼きに感動！

水産加工会社が、日間賀島のお土産などを販売。名物のソフト姿焼きは、注文が入ってからタコやエビをギュッとプレス。旨みがそのまま凝縮され、酒のつまみにもぴったりの味わいだ。店頭で焼く島風せんべい432円もお土産に最適。

0569-68-9110〈予約不可〉
なし

知多郡南知多町日間賀島西浜28／9:00～17:00／無休／日間賀島西港から徒歩1分

ⓒ 丸豊cafe

しらすが主役の
新感覚スイーツ

しらす工場が直営するショップ。水加減や塩分にこだわって仕上げる自家製釜揚げしらすを使ったしらすソフト400円が人気で、甘じょっぱくてクセになる味。ほんのり塩味の日間賀島のタコせんべいと一緒に味わえばまた格別だ。

つくだ煮抹茶ソフト400円

まるとよカフェ
0569-68-2113〈予約不可〉　12席

知多郡南知多町日間賀島広地24-1／9:00～17:00／不定休／日間賀島東港から徒歩20分

C

B

B-1. たこのソフト姿焼き750円　**C-1.** 意外な組み合わせで一番人気のしらすソフト400円
C-2. 店頭ではしらすやつくだ煮350円～も販売する

本気で魚のウマさを知るなら1泊ステイが正解

民宿三昇

漁師である主人が釣ってきた魚介類をふんだんに使うコース料理が味わえる宿。特に冬のふぐコースが人気だ。予約すればランチの海鮮コース5500円～も。

みんしゅくさんしょう　0569-68-2455〈予約可〉

知多郡南知多町日間賀島西浜31／チェックイン15:00、チェックアウト10:00／不定休／日間賀島西港から徒歩1分

A SHORT TRIP TO

城のある風景がお気に入り

犬山

INUYAMA

名古屋駅から名鉄犬山線犬山駅まで25分。犬山駅から城下町まで徒歩10分。

城下町には着物のレンタル店もあり、気軽に楽しめる

城下町には趣ある建物や家屋が並ぶ

着物姿でそぞろ歩き

散歩だけでも楽しい！

飲食店や雑貨店など多彩な店が並び散策も楽しい街

乙女心をくすぐるかわいい模様♪

屋根の上も注目して！

江戸時代の風情を残す古民家も多く、見応えがある

色鮮やかなてぬぐいなどを販売する店も点在

趣ある城下町は串物グルメが充実

江戸時代に城下町として発展した犬山。室町時代に建てられた国宝犬山城は天守としては現存する日本最古の様式。美しい容姿はもちろん、天守から望む木曽川や濃尾平野の大パノラマも感動的だ。犬山城の麓に広がる城下町には古い民家や商家を改装した食事処や土産の店が立ち並んでいる。特に注目は、昨今盛り上がる〝串物グルメ〟だ。見た目も愛らしいスイーツの串から軽食にもなるおにぎりの串まで、多種多様な串が勢ぞろい。おいしい串を片手に、ゆるり城下町散歩を満喫しよう。

Ⓐ 茶処くらや

フォトジェニックな
かわいい団子

カラフルなあんやクリームで飾られた恋小町だんごを販売。米粉100%の団子はモチモチとした食感で、食べ応えもある。苺モンブラン小町(右記)や西尾の抹茶を使う抹茶モンブラン小町などが人気を呼ぶ。

ちゃどころ
くらや

0568-65-6839〈予約不可〉
70席(他店と共同)

犬山市西古券60 昭和横丁内/11:00〜17:00/火曜、第3水曜休/名鉄犬山駅から徒歩10分

こちらも
大人気☆

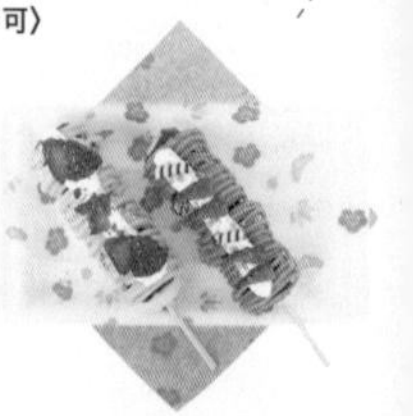

Ⓑ

B-1.

B-2.

Ⓐ

A-1.

A-1. 犬山茶が付く、ハイカラ恋小町セット600円 **B-1.** 古民家を改装した店 **B-2.** 奥からしょうゆおこげ串170円、ゆずみそマヨネーズ280円、めんたいマヨネーズ280円

Ⓑ 壽俵屋犬山井上邸

ごはんと漬物の
アイデア豊かな串

創業40年余を誇る守口漬・奈良漬の製造会社が営む店。定番商品は香ばしい焼きおにぎりと、ほどよく甘い奈良漬の組み合わせが絶妙なしょうゆおこげ串だ。サーモンの粕漬けが付く壽俵屋ごはん1450円などの食事メニューもある。

じゅひょうや
いぬやま
いのうえてい

0568-62-7722〈予約可〉
14席

犬山市西古券6/10:00〜17:00/無休/名鉄犬山駅から徒歩10分

小腹も
満たすよ♪

Ⓒ 本町茶寮

ほんまち
さりょう

伝統×カワイイ
レトロなカフェ

古民家をリノベーションした風情あふれる店内でゆっくりとお茶やランチが楽しめる。犬山名物の田楽を山椒味噌やピザ風に仕上げた7種の田楽＋犬山茶セットが定番メニュー。コクのある特濃プレミアムソフト350円もぜひ。

050-5870-5670〈予約可〉
44席
犬山市東古券673／11:00～17:00／無休／名鉄犬山駅から徒歩10分

トッピングもキュート！

D-1.

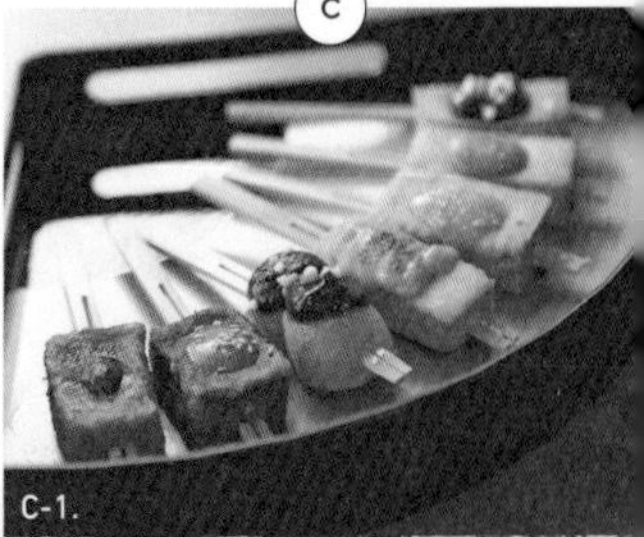

C-1.

C-2.

C-1. 7種の田楽と犬山茶のセット980円。よもぎ麸やこんにゃくの甘辛味噌などもある　**C-2.** 店内からは風流な中庭を望む　**D-1.** 金箔枝豆や穴子など10種類が付く伊勢屋手まり1650円

豪華絢爛な金箔ソフトも美味！

Ⓓ 伊勢屋砂おろし

いせやすなおろし

こんにゃくを
多彩にアレンジ

パスタや寿司など、素材の一部にこんにゃくを使用した体にやさしい料理が味わえる。米と一緒にこんにゃく芋を炊き込んだ酢飯を使う伊勢屋手まりは美しい飾り付けが評判。自家製シフォンケーキ990円もこんにゃく入りでヘルシーだ。

0568-61-5502〈予約可〉
28席
犬山市東古券58／10:00～17:00／不定休／名鉄犬山駅から徒歩10分

A SHORT TRIP TO

焼き物のまちでカフェを巡る

常滑

TOKONAME

名古屋駅から名鉄常滑線常滑駅まで約30分。
常滑駅からやきもの散歩道まで徒歩約5分。

器と美味を楽しむ散策へ

中世から生産が続く日本六古窯のひとつ、常滑。良質な粘土を使った焼き物は、土管や壺から生活の器までさまざま。中でも朱泥の急須は常滑焼を代表する焼き物のひとつだ。常滑でまず訪れたいのが、緩やかな丘陵地帯に広がるやきもの散歩道。壁に土管と焼酎瓶が埋め込まれた道やレンガ造りの煙突を眺めながら、古い民家を利用したギャラリーをひと巡り。伝統的な作品やセンスのいい作家のものなど多彩な焼き物が並び、目を楽しませてくれる。散策の合間に、常滑焼で提供されるランチやスイーツを味わおう。

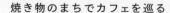

散歩道は
地図が必須！

思わず迷い込んで
しまいそうな細い
道が続く散歩道

お気に入りの子を
連れて帰りましょ

陶器だけではなく
ガラス作品を販売
する店もある

塀の上から
こんにちは

ユニークな動物や
人形の焼き物も道
のあちこちに展示

昭和初期に作られた
焼酎瓶が壁面に埋
め込まれた場所も

散歩途中の
休憩タイム♪

散歩道の途中、豊
かな緑に囲まれた
場所にある「nuu」

日常使いの器や皿など、デザインも
さまざまな常滑焼を扱う店が点在

常滑

スパイスが
いた本格派

B-1.

Ⓑ

MADOYAMA

スパイシーで濃厚な 本格カレーを堪能

「ni:no」の2号店としてやきもの散歩道にオープン。数種類のスパイスを使う香り高いカレーが楽しめる。やわらかいチキンがゴロゴロ入ったバターチキンカレーや、ボリューム感のあるチキンレッグカレー1320円〜など、どれも味わい深い。

マドヤマ

0569-34-9980〈予約可〉　24席

常滑市栄町3-111／10:00〜17:00（ランチ11:30〜16:00、なくなり次第終了）／無休／名鉄常滑線常滑駅から徒歩10分

市営常滑駐車場

B-1. 季節の野菜がたっぷりと付く栄養豊富なバターチキンカレー1320円　**B-2.** 土管工場を改装した店　**B-3.** 1階ではモダンなデザインの常滑焼を販売

B-2.

B-3.

A-1.

A-2.

散策の合間に
糖分補給

Ⓐ

nuu

素材にこだわった 体にやさしいカフェめし

大正時代の建物をほぼそのまま利用した、レトロ感あふれるカフェ＆雑貨店。地元の無農薬野菜で作る惣菜が6種付くとこなめおむすびデリプレート1200円は大満足の一皿。平飼い卵を使ったまろやかなフレンチトーストはおやつにぴったり。

ヌウ

0569-89-8755〈予約可〉　36席

常滑市栄町2-73／10:00〜16:00／木〜土曜休／名鉄常滑線常滑駅から徒歩7分

市営常滑駐車場

A-1. 旬のフルーツを添えたやさしい甘さのフレンチトースト500円、カフェオレ500円
A-2. 店の中庭には開放的なテラス席もある

Ⓓ

カフェギャラリー 千里香

上質な和の空間で 作家作品とコーヒーを

落ち着きのある和モダンなカフェ。ゆったりと広い店内で、作家作品を楽しみながらお茶やランチを堪能できる。特においしいと評判のコーヒーは注文を受けてから豆を挽く本格派。ランチはパスタや和風オムライス1000円などが楽しめる。

カフェギャラリー
せんりこう

0569-36-3237〈ランチのみ予約可〉 24席

常滑市陶郷町2-128-1／11:00～17:30（10～2月は～17:00、ランチ11:00～14:30）／第1木・金曜休／名鉄常滑線常滑駅から徒歩10分

市営常滑駐車場

D-1. 伊藤雅志さんほか、常滑の作家の作品を中心に展示している　**D-2.** もっちりとしたパスタのチキンとモッツァレラのトマトソース（サラダ、パン付）1050円

D-1.

D-2.

C-1.

C-2.

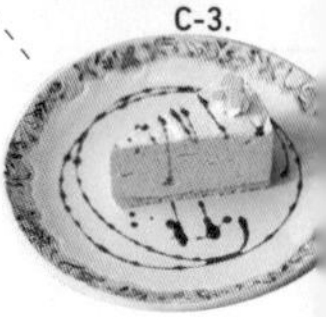

C-3.

黒糖のコクが◎

Ⓒ

ni:no

ヘルシーなランチや スイーツが評判

築90年、趣のある元商家の1階では地元作家の陶器などを販売、2階ではカフェメニューを提供。ランチ1100円～は肉、魚、カレーの3種類がそろい、どれも地元の新鮮な野菜がたっぷり。豆腐を使ったまろやかな豆腐のティラミス495円も人気だ。

ニーノ

0569-77-0157〈予約可〉 23席

常滑市陶郷町1-1／10:00～17:00（ランチ11:30～16:30、なくなり次第終了）／木曜休／名鉄常滑線常滑駅から徒歩7分

市営常滑駐車場

C-1. 陶磁器会館のすぐ近くにある店　**C-2.** 2階のカフェにはアンティークな調度品が配されている　**C-3.** 黒糖のレアチーズケーキ495円

NAGOYA GOURMET COLUMN-④

毎月第 1&3 土曜だけ！
市場の半値市に行ってみた

名古屋の台所、大名古屋食品卸センターで月に2度行われる半値市。
プロも納得の鮮度抜群、上質な食材を安く手に入れよう！

捌く手つきはまさに職人！

活気あふれる場内へ潜入！

半値市の朝は6時頃からお客さんが集まり始める。開場してすぐに場内は人でいっぱいに！鮮魚店ではマグロの解体も行われ、活気あふれる雰囲気。

野菜の山は壮観な風景！

旬の野菜や果物も満載

種類豊富な野菜や果物も山積み状態で並ぶ。中には詰め放題やダンボールでリーズナブルに販売する店もあるので、大きめの買い物袋を用意したい。

もちろん魚介の鮮度もバツグン！

お店の人との会話を楽しみながら新鮮な魚介を品定めするのも半値市の醍醐味！ 珍しい魚は、調理の仕方などをプロに聞いてみよう。

この日の戦利品はコレ！

目玉商品は先にゲット！

ひと通り市場を一周したら、買い忘れがないかチェック。刺身や詰め放題のものは早くなくなる可能性があるので先に買うのがコツ。

大名古屋食品卸センター

日比野 だいなごやしょくひんおろしセンター ☎052-681-5651

名古屋市熱田区千代田町17-8／6:30～14:30(半値市は毎月第1・3土曜開催)／日曜、祝日、祝日のない週の水曜休／地下鉄日比野駅3番出口から徒歩3分

NO. 116→148

CHAPTER 7

喫茶と甘いもの

コーヒーのアロマにうっとり悶絶。

スペシャルティコーヒーと出会う

一杯の珈琲が導く癒しの時間

豆と対話をするように淹れるコーヒーは、最後の一滴で味を調整

1.グァテマラ500円、クレームブリュレ250円、テリーヌショコラ300円　**2. 3.**大通りから1本入った静かな通りにある　**4.**図工室のイスを配するなど店内は教室をイメージ

116
喫茶クロカワ

「豆は国や銘柄に関係なく、甘みが感じられるものを仕入れ、深めに焙煎。常時８種類ほどご用意しています」と話す店主の黒川さん。注文を受けてから豆を挽き、ハンドドリップで淹れるコーヒーは、酸味が少なくホッとできる味わいで、小ぶりな自家製スイーツとも好相性。黒川さんのこだわりを感じるのは店内もしかり。１９６０年代に設計された建物を利用したセンスが光る店内には、日々の忙しさの中で自分を取り戻せる静かな時間が流れている。

鶴舞　**きっさクロカワ**

052-684-6363〈予約可〉　**11席**

名古屋市中区千代田5-8-27／12:00～19:00／月・火曜休／JR・地下鉄鶴舞駅から徒歩8分

好きなものに囲まれる幸せ。

趣味の世界に浸れるカフェ

1.

2.

BOOK

ブックカフェ

1. 本に囲まれ、読書に没頭できる居心地よい空間が広がる　**2.** 本を読みながら、片手で食べられる直径6㎝ほどのミニバーガー1個396円、コーヒー418円

伏見　**ランプ ライト ブックス カフェ**

052-231-7011〈予約可〉　32席

名古屋市中区錦1-13-18 ランプライトブックスホテル名古屋1F／フード7:00～22:00、ブックストア24時間／無休／地下鉄伏見駅10番出口から徒歩3分

117

LAMP LIGHT BOOKS CAFE

24時間明かりが灯る都会のオアシス

ホテルが運営するブック＆カフェ。店内には旅とミステリーを中心とした約3000冊もの本がずらり。ドリンクやフードメニューと共に読書を楽しめて、お気に入りが見つかれば購入もできる。

1.

2.

3.

ZAKKA
雑貨カフェ

1. 店内には、かわいらしくシンプルで飽きのこないものを中心に、オーナー夫妻が集めた雑貨をセンスよくディスプレイ　**2.** 桃パフェ2000円　**3.** 章姫いちごのパフェ2000円

八事　なつそら

052-848-8508〈SNSにて要確認〉

12席

名古屋市天白区表山1-219／11:00～17:00／水・木曜、不定休／地下鉄八事駅２番出口から徒歩10分

118
夏空 natsu_sora

雑貨とパフェが女性の心を鷲掴み

靴を脱いで店に入るとかわいい雑貨たちがお出迎え。素材にこだわり手作りされるスイーツや一杯ずつ丁寧に淹れるコーヒーがいただける。中でも季節の果物を使ったパフェの人気が高く、これを目当てに訪れる女性客も多い。

＼ 気持ちいい朝を
ここからスタート ／

Morning

淹れたての味と香り。
朝の時間を豊かなものにする
最高の一杯をお届け。

シングルオリジンにこだわるバリスタが、ニッコースタイル名古屋のためだけに焙煎したコーヒーが楽しめる。カフェ・ラテ600円

Lunch

コスパが高いと人気の
セットメニューから
コースまで多彩にそろう。

メインが選べるランチセットは、サラダまたはスープ、パン、デザート、コーヒー付きで1800円～。本格的なコースは4200円と5800円の２種類

＼ 見とれるほど
色彩も豊か ／

119 ニッコースタイル名古屋 Style Kitchen

宿泊客と地元に暮らす人が繋がる。そんな新しいホテルの形を提案するニッコースタイル名古屋のレストラン。こちらでいただけるのは、繊細かつコンテンポラリーな料理の数々。フランス修業や有名ステーキ店料理長などの経歴を持つ料理長の黒田温裕さんが、食材本来の魅力を最大限に引き出した料理を堪能することができる。レストランと繋がるCafe&Barには、名古屋で3店舗を展開するトランクコーヒーがプロデュースする

赤胴色の皿使用の
盛り付けも素敵！

Afternoon tea

アフタヌーンティーや
華やかな季節のパフェで
午後をちょっぴり優雅に。

スイーツの数々とコーヒーまたはロンネフェルトの紅茶が一緒に楽しめるアフタヌーンティー2700円。季節のフルーツパフェ1800円

Dinner

東海三県の野菜や魚、
全国の美味食材で作る料理を
コースやアラカルトで堪能。

アミューズ、スープ、前菜、サラダ、魚、肉、デザートなどで構成されたフルコース6800円〜。アラカルトと共にワインを楽しむのもおすすめ

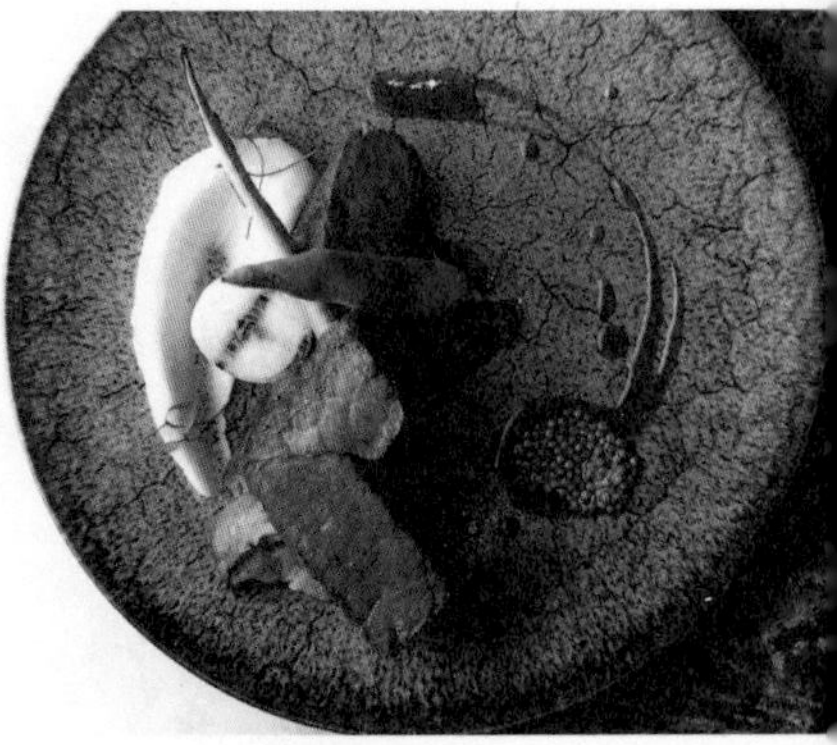

ヘルシーな赤身肉の
おいしさを堪能！

コーヒーのほか、スイーツ、軽食、ビールなどがスタンバイ。さまざまな空間が一つになった新感覚のコミューナロビーは、一日の始まりから終わりまで、豊かな時間が過ごせる場所だ。

名駅

ニッコースタイルなごや
スタイル キッチン

052-433-2582〈レストラン予約可〉
レストラン62席／Cafe & Bar35席

名古屋市中村区名駅5-20-13／レストラン7:00〜10:00(LO9:30)、11:30〜14:30(LO14:00)、17:30〜21:30(LO20:30)、Cafe & Bar10:00〜21:30(LO20:30)、土曜10:00〜22:00(LO21:30)、日曜10:00〜18:00(LO17:30)／レストランディナー日曜休／各線名古屋駅から徒歩10分

メルヘンワールド炸裂。

乙女憧れのフラワーカフェ

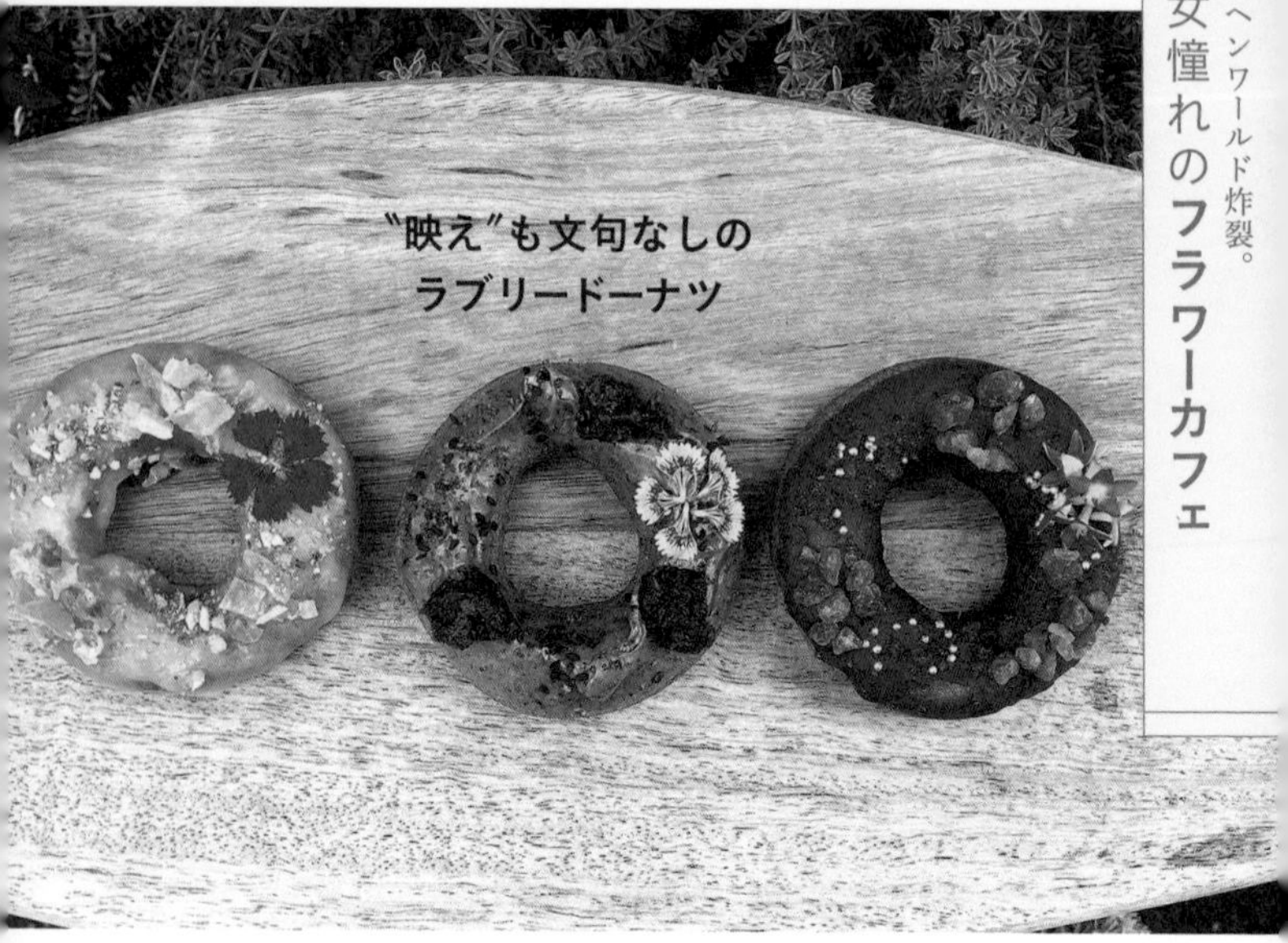

フォトジェニックと話題のフラワードーナツ各297円。左からヨーグルトミカン、小倉、ベリー

ホワイトチョコオレンジ（期間限定）

ウィッチドーナツ（期間限定）

ローストカボチャ（期間限定）

チョコオレンジ（期間限定）

120 Lyrical coffee donut

新幹線の高架下にあり、名古屋駅からでも徒歩10分ほどで到着できるカフェ。ショーケースに並ぶ小ぶりなドーナツは、甘さ控えめ、素朴な味わいで、油っぽさもなく、食感もふかふかと大評判。中でも、エディブルフラワーがデコレーションされたフラワードーナツや季節の限定品は、手土産などにもぴったりとテイクアウトしていく人も多い人気の品だ。もう一つの看板メニューがハンドドリップで淹れるコーヒー。ブラジル、エチオピア、グァテマラの豆を

1. 2. カフェとドライフラワーショップは店内で繋がっているため、行き来できる。ワークショップも開催される　**3.** 果肉がたっぷり入ったレモネード（水割り）605円

ドリップ、アイス、エスプレッソに合わせ配合を調節し、風味豊かに仕上げている。

天井からフロアまでドライフラワーに囲まれた店内は、ドライフラワーの専門店ならではの空間。花の香りに癒される素敵な空間で、のんびりティータイムを過ごしてみては。

亀島

リリカル
コーヒードーナツ

052-526-0209
〈席・ドーナツなど予約可〉　28席

名古屋市中村区亀島1-1-1　新名古屋センタービル138-139／11:00～19:00(LO18:30)／火曜休／地下鉄亀島駅3番出口から徒歩3分

空が近いって気持ちいい。

パノラミックな**天空カフェ**

空と街を一望できる 絶景カフェ

雲をイメージした綿あめがとろける瞬間は、ぜひ動画で記録したい

グラマシーニューヨーク、ミッシェル・ブランなど、地下洋菓子フロア（→P.170）で販売している有名ブランドケーキが10種以上楽しめる。豊かな香りのコーヒーや紅茶と共に憩いのひと時を

121 CAFE DU CIEL

ジェイアール名古屋タカシマヤ最上階のパノラマサロンにあるカフェ。高い天井と一面ガラス張りの店内から街並みを見おろせる。甘夏やイチゴなどのフルーツ、バニラアイス、綿あめに、キャラメルソースをかけて食べるキャラメルアフォガード１２０１円（ドリンク付き１７００円）は、ソースがアクセントとなって最後まで飽きさせない。タカシマヤ地下の人気スイーツを、絶景と共に楽しめるのもうれしい。日が沈んだあとの夜景は息をのむほどの美しさだ。

名駅　カフェ ド シエル

052-566-8924〈予約不可〉　24席

名古屋市中村区名駅1-1-4 ジェイアール名古屋タカシマヤ51F／10：00～22：00／不定休（ジェイアール名古屋タカシマヤに準ずる）／各線名古屋駅直結

センスが光る、古きよき佇まい。
くつろぎの古民家カフェ

ここはビストロ!?
唯一無二のカフェへ

鶴舞公園ができる前からこの地に立つ、築110年の古民家

122
nunc nuse

フランスの一つ星レストランや東京の有名ホテルで研鑽を積んだオーナーシェフの稲垣直也さんが手掛けるカフェ。ランチでは、地元の野菜をたっぷり使ったキッシュやデリ、スープなど、野菜料理が得意な稲垣さんが作るヘルシーで体が喜ぶメニューが堪能できる。こちらでもう一つ注目したいのが、稲垣さんとパティシエが試行錯誤の末に完成させた甘さ控えめ、後味さっぱりの名古屋コーチン黄金シュークリーム。名古屋コーチンの卵の濃厚な風味とサクッ

1.隣の席との距離も広く、ゆったりとくつろげる　2.一番人気のキッシュランチ1300円

2.

1.

4. 3.

3. 名古屋コーチンの黄金シュークリーム400円　**4.** 店頭に並ぶケーキの購入だけでもOK

イチゴがたっぷり！

タルトフレーズ700円

季節のショートケーキ

ベリーとピスタチオのショート700円

と香ばしい生地が絶妙で、手土産として購入する人も多いとか。気軽に利用できるカフェでありながら、ビストロのようにクオリティが高い料理が楽しめる同店。鶴舞公園の中という場所柄、散策途中の休憩に訪れてみてはいかがだろう。

鶴舞

ヌンク ヌスク

052-364-9292〈予約可〉　32席

名古屋市昭和区鶴舞1-1-168 鶴舞公園内／11:30～17:00（LO16:45）／水・木曜不定休／JR・地下鉄鶴舞駅4番出口から徒歩2分

昭和レトロな空間

古民家カフェ ＆ more

珈琲ふりこ

大須商店街に佇むカフェ。手作りにこだわったフードメニューや注文を受けてから点てる抹茶使用のショコラグリーンティー748円などが楽しめる。

上前津　コーヒーふりこ　**052-238-2789〈予約不可〉　30席**

名古屋市中区大須3-35-22／11:00～18:00（LO17:30）／不定休／地下鉄上前津駅8番出口から徒歩3分

緑豊かな庭園を囲むように洋館と和館が立つ橦木館

124 SHUMOKU CAFE

輸出陶磁器商として名を馳せた井元為三郎が、大正末期から昭和初期に建てた邸宅、橦木館。敷地内には情緒あふれる和館とレトロな趣の洋館、蔵や茶室、日本庭園があり、往時の面影を今に伝えている。館内の一角にあるカフェでは、スリランカの限られた地域で栽培される希少な茶葉を使用したムレスナ社のオリジナル紅茶５００円〜を提供。キャラメルクリームの上品な香りが楽しめるフレーバーティーや、フルーツの芳香が漂う紅茶など、気分で選ぶの

1.2.3. 館内には意匠を凝らしたステンドグラスのほか、壁に施された漆喰の装飾や和室の欄間、床の間など当時のまま残されている

大正モダンな空間で
上品な紅茶やワインを

ムレスナティーハウスの復刻メニュー、ドーナツタイプのパンケーキセット900円

もおすすめだ。また紅茶だけではなく、ワインも楽しめるカフェとしてリニューアル。フランスやイタリアの数少ない生産者が丹精込めて仕上げたナチュラルワイン８００円～のみを厳選。美しいステンドグラスの光に包まれたアンティークな空間で、極上の紅茶やワインと共に贅沢な時間を過ごしてみては。

高岳　**シュモク カフェ**

080-2137-8449〈予約不可〉

14席

名古屋市東区橦木町2-18 文化のみち橦木館1F／10:30～17:00／月曜休／地下鉄高岳駅から徒歩10分

1. ふくよかな味わいのナチュラルワイン　**2.** カフェには庭園を望むテラス席もある

1. 味覚、視覚、聴覚、嗅覚を刺激する鉄板トースト　**2.** ブレンドコーヒーのほかに、東ティモール産などのコーヒーも楽しめる　**3.** ロフト席にはコーヒー豆を敷き詰めたテーブルも

カレーとコーヒーがまさかのコラボ

125
喫茶ニューポピー

円頓寺商店街にほど近い四間道エリアにある隠れ家的な喫茶店。30年近く名駅で営業していた「喫茶ポピー」の2代目にあたる。鉄板で提供する小倉トースト825円や、コーヒー入りのライスカレー935円など、メニューもユニーク。居心地のよさに、つい長居してしまいそう。

コーヒー豆は購入も可能

国際センター　きっさニューポピー

052-433-8188〈予約不可〉　36席

名古屋市西区那古野1-36-52／8：00〜18：00（金・土曜は〜22：00）／不定休／地下鉄国際センター駅2番出口から徒歩7分

1.

角切りバター入り！

126
シヤチル

甘じょっぱいあん
バタサンド550円

新たな喫茶文化を創る「グランド喫茶」

喫茶店の懐の深さを体現する「グランド喫茶」がテーマ。モーニングをはじめ、アイデア豊かなサンドイッチやスイーツなど夜まで喫茶メニューが楽しめるのが魅力。固めのシヤチルのプリン710円もチェック。

今池

052-735-3337〈18:00以降予約可〉 25席

名古屋市千種区今池1-5-9／11:30〜21:00、土・日曜9:00〜21:00（短縮営業中）／月曜／地下鉄今池駅10番出口から徒歩3分

2.

1. モダンな家具や照明が配された心地よい店内　**2.** 塩漬けした肉をじっくり煮込んだソルトビーフサンド820円

127
喫茶ゾウメシ

ちょっぴりの古さがエッセンス

革張りソファやタイル張りのキッチンなど、レトロで味のある喫茶店。昔ながらの製法で作るデザートのほか、肉味噌入りたまごサンド858円など、味噌を使ったメニューも人気。

亀島　きっさゾウメシ

052-565-0500〈予約不可〉

12席

名古屋市西区菊井1-24-13／10：00〜18：00（LO）／火曜休／地下鉄亀島駅2番出口から徒歩10分

1.

2.

3.

1. クリームソーダ（クッキー付き）各726円　**2.** じっくり蒸し焼きした風味豊かなプリン495円　**3.** 外観は純喫茶風。西尾市の味噌蔵が手掛けている

昭和の趣ある喫茶で昔ながらのプリンに舌鼓

フルーツがたっぷりのった
プリンローヤル600円

＼レトロでおしゃれ！／

どこか上品な雰囲気が漂う
フォトジェニックな看板

128 洋菓子・喫茶 ボンボン

昭和24年創業の喫茶と洋菓子の店。レトロなソファやテーブルなど店内はまるで昭和にタイムトリップしたような落ち着ける雰囲気だ。先代のモットー「いいものをお値打ちに」を継承し、コーヒーは３５０円という安さ。香り豊かでやや苦めの

1.昭和43年に火事で焼失するも、昔の趣を残して再現　**2.**ブリオッシュ生地とラム酒の相性が抜群のサバラン280円　**3.**あっさりとした生クリームが評判のマロン280円

ブレンドは、自家製のケーキによく合うと好評だ。ケーキは常時30種類以上とバラエティ豊か。甘く芳香なラム酒をたっぷりと生地に含ませた名物のサバランや、ふわふわのスポンジを使うマロンなどどれも幅広い世代に人気だ。玉子とトマトのミックスサンドにミニみつ豆、コーヒーが付くランチ750円もぜひ。

高岳

ようがし
きっさ
ぼんぼん

052-931-0442〈予約不可〉
92席

名古屋市東区泉2-1-22／8:00～22:00（日曜、祝日、隣接する天津楼休日は～21:00）／無休／地下鉄高岳駅1番出口から徒歩4分

たまにはTEAブレイク

専門店で知る香り高いお茶の世界。

チャイ550円、焼きたてのスコーン200円、トッピング100円（すべて税別）

ミルクティーのある豊かな時間を提案

129 McQun Chai

紅茶卸の会社「TEA・MODE」が手掛けるミルクティー専門店。茶葉の配合に半年以上かけたオリジナルのミルクティーや極上のスパイスと茶葉、ミルクにこだわったチャイなど定番7種類と季節限定1種類が楽しめる。紅茶とマッチしたスイーツやパンにも注目。

\ ボトルがかわいい /

たっぷり340㎖サイズのボトルは＋160円（税別）

一社　マッケン チャイ

052-701-3260〈席予約不可・茶葉のみ商品予約可〉

12席

名古屋市名東区一社1-104 スタシィオン一社101／11:00〜18:00（LO17:30）／火曜休／地下鉄一社駅2番出口から徒歩2分

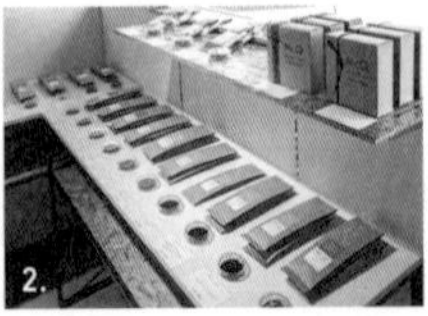

1. グレーを基調としたスタイリッシュな店内　2. 家でも紅茶を楽しめるよう、ミルクティー専用のティーバッグやフレーバーティーなど1000円〜（税別）で販売

老舗茶舗が手がける 気軽なテイクアウト

右から抹茶ラテ540円、和紅茶フルーツティー540円、ほうじ茶ラテ518円

＼上から追い抹茶！／

濃厚な味わいの抹茶ソフトクリーム486円

130 MYOKOEN TEA STORE

「若い世代にも気軽に日本茶を楽しんでほしい」と2020年4月に開店。店内で火入れをする香り豊かなほうじ茶や独自のブレンド茶など多様な茶葉を販売する。一晩水出しして雑味を抑えた和紅茶フルーツティーや、一杯ずつ茶筅で点てる抹茶ラテなどのドリンクも充実。

栄　ミョウコウエン ティーストア

052-951-2280〈予約不可〉　なし

名古屋市中区栄3-4-6先サカエチカ／10:00～20:00(LO19:00)／無休／地下鉄栄駅直結

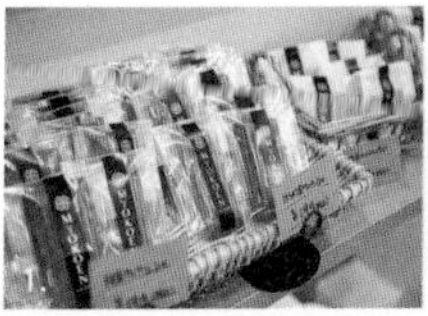

1. 抹茶フィナンシェ、ほうじ茶フィナンシェなど、お茶に合うスイーツも販売する。各194円　**2.** 賑やかな地下街に面した店。店頭には常にお茶の芳香が漂う

フラッと立ち寄れる本格派。

スタンドカフェでサクッとTO GO

131 Double tall into cafe

大須で評判のコーヒー専門店「Ｄｏｕｂｌｅ ｔａｌｌ ｃａｆｅ ｎａｇｏｙａ」が２０２０年９月にカジュアルなコーヒースタンドをオープン。コーヒー通の間で話題を呼んでいる。コーヒーは自社の焙煎所で焙煎した上質な豆を使用し、ベテランバリスタが注文が入ってから一杯ずつ挽いてドリップする。定番の「ＮＡＧＯＹＡブレンド」は、おいしいといわれる名古屋の水に合わせた一杯で、苦味と酸味のバラン

5.

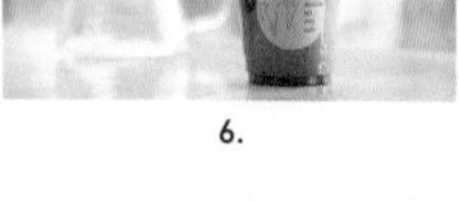

6.

1. 季節の素材を使ったマフィン1個260円〜などが並ぶ **2.**「気軽に立ち寄ってほしい」と話すチーフバリスタの近藤雅之さん **3.** イートインスペースは3席 **4.** しっかりとコクのある味わいのNAGOYAブレンド480円 **5.** 若宮大通に面した開放感のある店 **6.** 爽やかな生ミントチョコラテ730円

スが秀逸だ。コーヒーと一緒に楽しみたい焼き菓子もハイレベル。フルーツや茶葉などの素材を贅沢に使い、手間をかけて仕上げたマフィンやパウンドケーキはいずれも甘さ控えめで上品な味わいだ。

1.

2.

3.

4.

矢場町 **ダブルトール イントゥ カフェ**

☏052-684-9230〈予約不可〉 席 6席

名古屋市中区栄3-32-30／10:00～22:30／無休／地下鉄矢場町駅4番出口から徒歩3分

スイーツの域を超えた芸術品。

あんこ文化、進化中

トルコキキョウ

ラナンキュラス

バラ

イングリッシュローズ

華おはぎ1個580円〜。花びらもすべて特注の絞り袋で一つ一つ丁寧に絞る。保存料などは一切不使用

こちらも名古屋新定番

ANKO_ANKO_ANKO_ANKO_ANKO_ANKO_ANKO_ANKO

おやつに最適!

シヤチルの 食後のあんバタサンド

▷P.145

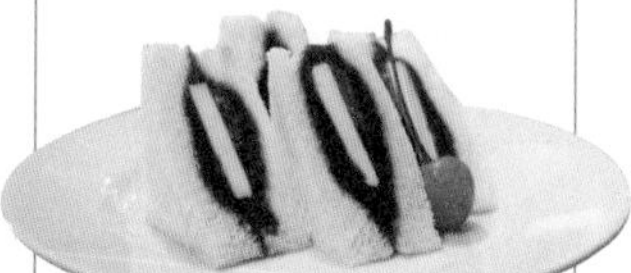

たっぷりのこしあんと角切りバター、パイナップルを挟んだミニサイズの甘味サンドイッチ。あんのやさしい甘さとバターの塩味、パイナップルの酸味が相性抜群だ。550円

ANKO_ANKO_ANKO_ANKO_ANKO_ANKO_ANKO_ANKO

アツアツ鉄板にオン

喫茶ニューポピーの 鉄板小倉トースト

▷P.144

バニラアイスがのった鉄板小倉トーストに、自家焙煎コーヒーで作ったシロップをかけていただく。厚切りでボリュームたっぷり。熱い・冷たい・苦い・甘いが一度に味わえる。825円

見た瞬間思わず感嘆 可憐な華おはぎ

132 An de flower

韓国の花餅に魅せられて本場で作り方を習得した主人が作る、繊細な華おはぎが評判の店。花の部分には無添加の白あんや天然色素を使用。土台となるおはぎのあんにもきび糖を使うなど体にやさしい素材を使い、子どもからお年寄りまで安心して味わえる一品だ。季節感を大切にし、花の種類は随時変えている。

森下　アンデフラワー

052-325-7197〈予約可 ※2週間前までに要予約〉 Ⓟなし

名古屋市北区大曽根2-1-16／11:00～15:00／月～水曜休／名鉄森下駅から徒歩1分

贈り物にぴったりの華おはぎ5個入り3780円。花は約40種類あり、色も選べる

ショコラマロンパフェ1650円。アルコール入りでちょっぴり大人の味

ピスタチオとベリーのパフェ 1870円。パフェはどれも季節により変わる

133
L'ECRIN DE YUMIKO

パティシエの技が光るケーキ屋さんのパフェ

フランスと東京で修業した女性オーナーが腕をふるうケーキ店。併設されたイートインスペースでパフェを楽しめる。パティシエが作るだけあって、クリーム、スポンジ、パイ、アイスなど、どれも繊細で本格的。食べ進むうちにいろんな味が出現して、最後まで飽きさせない。

池下

レクランドユミコ

052-439-6280〈ケーキ予約可・イートイン予約不可〉 30席

名古屋市千種区高見1-26-4 タカミ光ビル／11：00～18：00／水曜休、不定休／地下鉄池下駅1番出口から徒歩7分

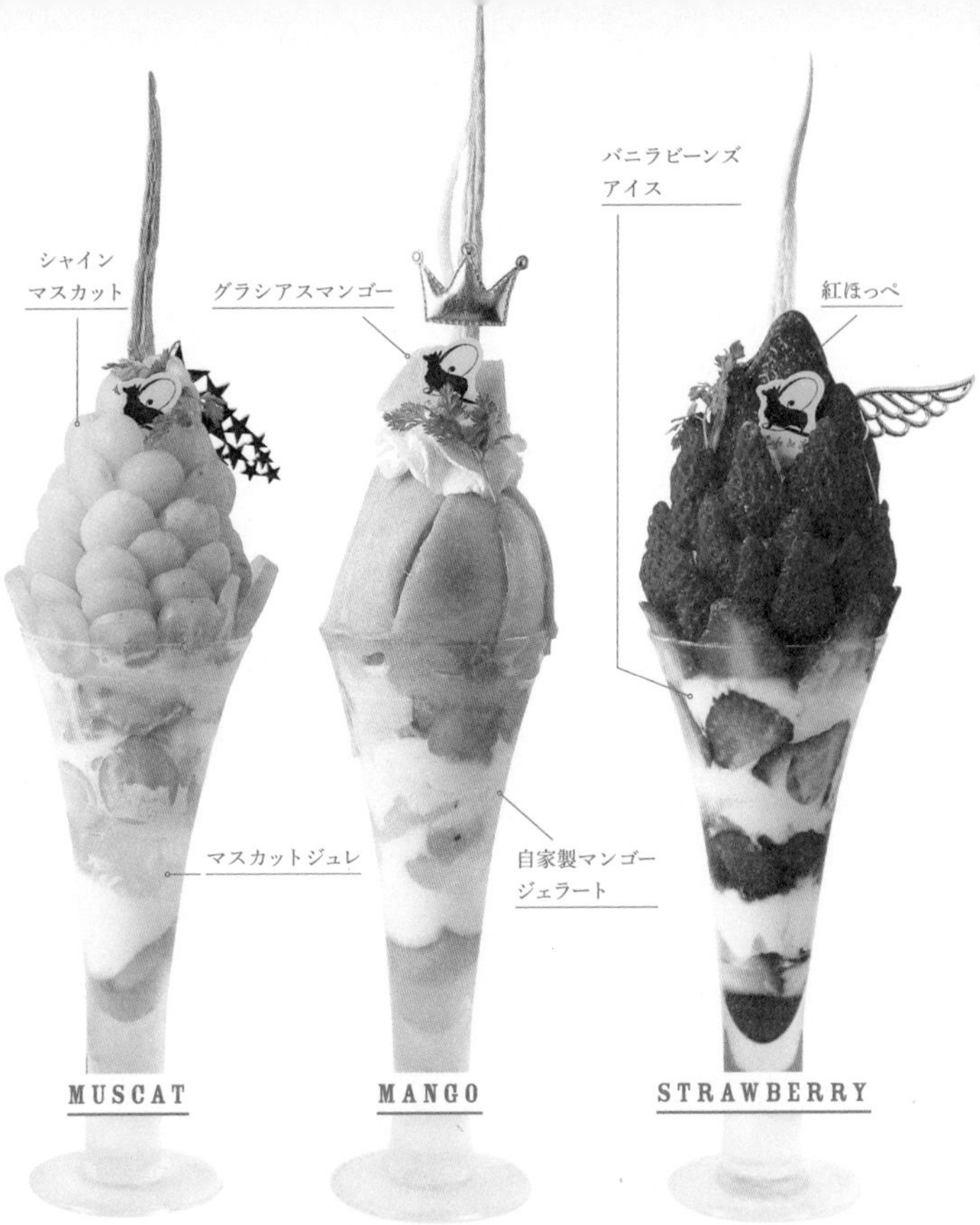

大粒で糖度の高い岡山県産晴王を2/3房使用。2288円。香りも芳醇

甘みたっぷりで希少なグラシアスマンゴーを丸ごと1個使用。2156円

プレミアムいちごパフェ2079円。甘みのある紅ほっぺを1パック使用

134

Cafe de Lyon 本店

フルーツたっぷり♪
ポップな見た目にキュン

旬の極上フルーツを贅沢に使ったパフェが人気。市場で仕入れたばかりのフルーツをふんだんに使い、店内で焼き上げたシフォンケーキやバターパイを合わせたパフェは見た目も鮮やか。運ばれてきただけでテンションが上がること間違いナシ！ 人気店だけに予約がオススメ。

国際センター

カフェ ド リオン
ほんてん

052-571-9571〈予約可〉　16席

名古屋市西区那古野1-23-8／11:00～19:00(土・日曜、祝日は9:00～18:00)／水曜、第2・4火曜休／地下鉄国際センター駅2番出口から徒歩5分

135 アシェットデセール専門店 Lyrique

フレンチコースを締めくくる皿盛りデザート「アシェットデセール」。これに魅せられた店主がパリ・東京で腕を磨き、満を持して専門店をオープンした。旬のフルーツを仕入れ、素材の力強さを最大限に引き出すスイーツを提供。アートのような見た目にもうっとりさせられる。コーヒー、紅茶のほかに、ワインと合わせるのもオススメ。メニューは入れ替わるので、訪れるたびに新作に出会えるはず。

芳醇な香りのベルガモットと柑橘のマリネ
1500円

国際センター

**アシェットデセール
せんもんてん
リリック**

052-734-6170〈予約可〉　10席

名古屋市西区那古野1-23-9 2F／13：00～19：30（LO18：45）、土・日曜は～21：30（LO20：00）／不定休／地下鉄国際センター駅2番出口から徒歩5分

バーのような大人っぽい雰囲気の店内

見た目も味も格別
まるで芸術作品

濃厚なピスタチオのブリュレとフレッシュラズベリー 1500円

フルーツ大福12種詰め合わせ7200円は、贈答品や手土産にもぴったり

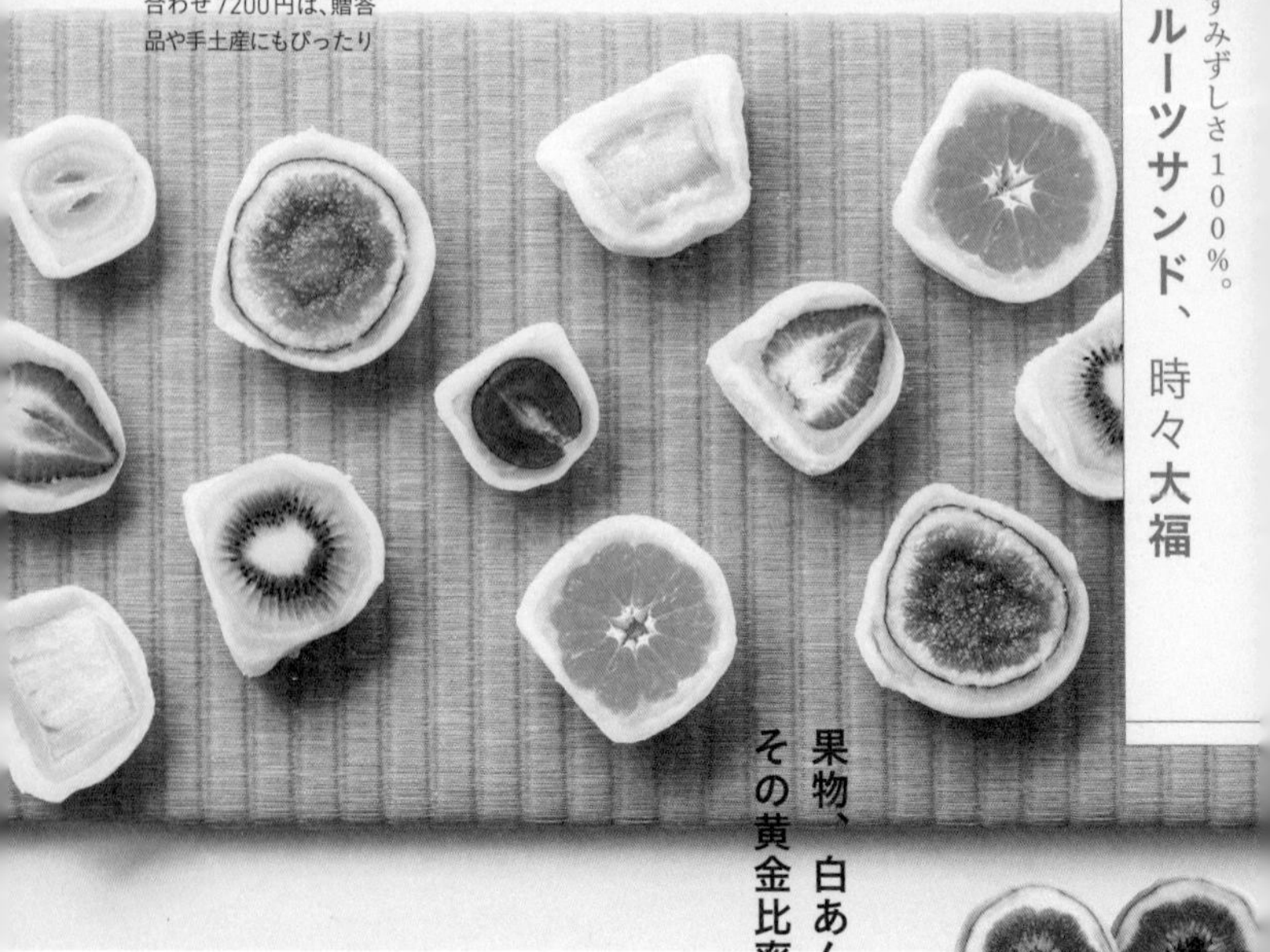

みずみずしさ100%。
フルーツサンド、時々大福

果物、白あん、求肥
その黄金比率に脱帽

無花果650円〜

ドドンとイチゴが鎮座

紅ほっぺ580円

桃650円

136
覚王山フルーツ大福 弁才天

2019年10月のオープン以来、名古屋をはじめ、東京や大阪でも人気を誇るフルーツ大福の本店。毎朝市場より仕入れる、季節ごとに一番おいしい果物を甘さ控えめの白あんと高級羽二重粉の求肥が引き立てる。添えられた糸で半分に割る時のワクワク感、断面の美しさを存分に楽しんで。

覚王山

かくおうざん
フルーツだいふく
べんざいてん

052-734-6630〈予約可〉 なし

名古屋市千種区日進通5-2-4／10:00〜19:00（なくなり次第終了）／不定休／地下鉄覚王山駅10番出口から徒歩10分

ショーケースには宝石のようなフルーツ大福。季節により変わるので、訪れるのが楽しみ

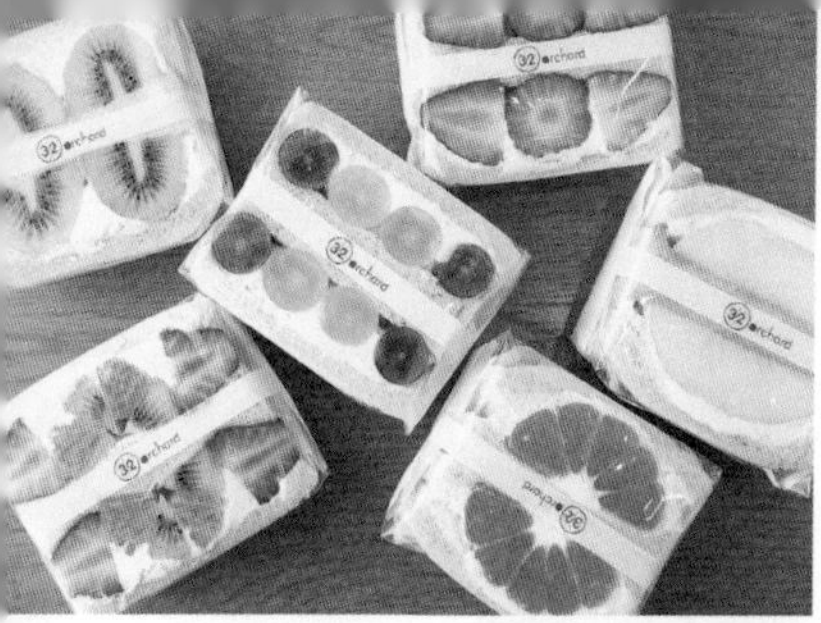

137
32orchard Fruit Stand

青果仲卸ならではの新鮮な果物が満載

青果の仲卸が営む、旬の果物を使ったフルーツサンドが自慢の店。果物の味を引き立てる生食パンや自家製生クリームを使用。みずみずしいイチゴやオレンジなど種類も豊富。夏には珍しい生の黄桃サンドも登場する。

いちご626円、ミックス626円をはじめ、キウイ626円、シャインマスカット734円など季節で変わる

金山 サニーオーチャード フルーツ スタンド

052-212-8932〈予約不可〉 4席

名古屋市中区金山1-17-1／10:00～21:00(LO 20:30)／アスナル金山に準ずる／各線金山駅北口から徒歩1分

断面が絵画のよう！

1.

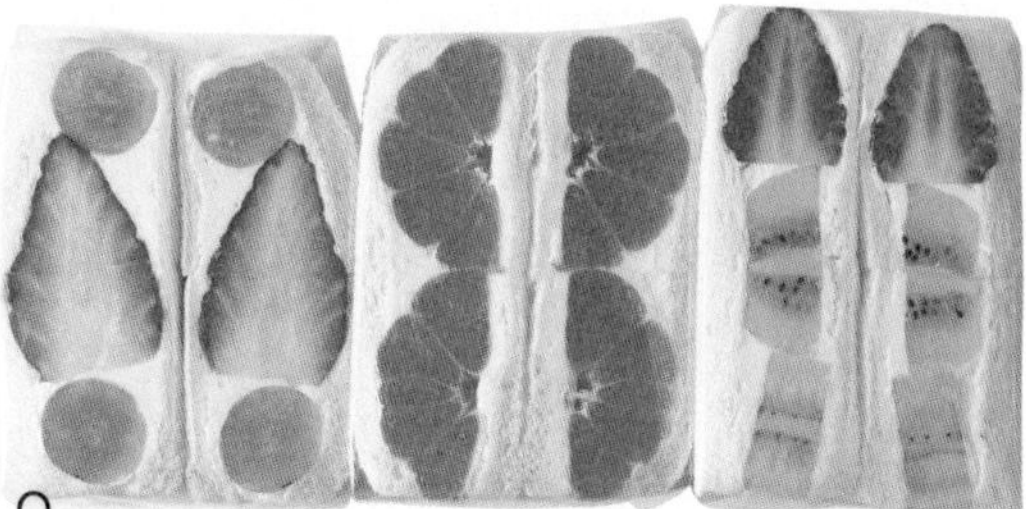

138
覚王山サンドウィッチ Bon materiel

芸術的な美しさで人気を集めるサンド

日泰寺参道にある人気店。旬の完熟した果物と生クリーム、パンのバランスが絶妙なフルーツサンドが常時6種類ほどそろう。断面の美しさや4等分にカットされた食べやすさも人気の秘密。

覚王山

かくおうざんサンドウィッチ ボン マテリエル

052-751-3133〈予約可〉

3席

名古屋市千種区山門町2-39-2／11:00～17:00（土・日曜、祝日は～18:00）／月・火曜休（祝日と日泰寺縁日21日の場合は営業）／地下鉄覚王山駅1番出口から徒歩2分

2.

1. フルーツミックス630円、みかん630円、ストロベリーマスカット780円
2. 店内にはイートインスペースもある

ブームは台湾からやって来る。

好吃！台湾スイーツ

1. 台湾フルーツ豆花食べ放題60分1500円　**2.** 店内にはフォトスポットもたくさん　**3.** 台湾フルーツ豆花はいろいろ食べたい女子に大人気

140

1. 大津通沿いに店を構える　**2.** 仙草ゼリーや緑豆など7種類がのる百花豆花858円

139
好日茶楼
GOOD DAY CHARO
大須本店 ▷P.055

蒸篭の中の豆花にうっとり

オリジナルレシピで作る台湾フルーツ豆花を食べ放題で楽しめる。トッピングは旬の果物や仙草ゼリーなど20種類。最初に運ばれる12種類を味わったあとは、好みの味を何度でも。

140
百花茶荘 ▷P.093

手作りのやさしさが伝わる豆花

何度も台湾に足を運び、現地で学んだ味を再現。厳選した豆乳を使い6時間かけて仕込む豆花、店で作る仙草ゼリーやタピオカなど、作りたてのおいしさに感激すること間違いなし。

141
CASTORLE KANAYAMA

一度食べたらヤミツキ！

国産小麦など素材にこだわり丁寧に焼き上げた台湾カステラの専門店。ふわふわ、トロトロの新食感の台湾カステラは全5種類。1日200個限定なので、確実にGETするなら予約を。

金山

カストーロカナヤマ

052-990-1559〈予約可〉

なし

名古屋市中区金山1-13-18 ベルデマーレビル1F南／11:00～18:00(売り切れ次第終了)／月曜休／各線金山駅1番出口から徒歩1分

139

141

甘さひかえめの生クリーム。820円

1.

2.

1.3.カウンターに座れば、絞り出すパフォーマンスが間近で見られる。黄金モンブラン（お茶セット）1980円
2.大須商店街の本町通りと東仁王門通りの交差点付近にある

142 和栗モンブラン専門店 栗りん

最高級の和栗の中でも、味がよい熊本県産球磨の栗と香り豊かな四万十栗を使った贅沢な黄金モンブランが名物。フワッと滑らかな絞りたての極細マロンクリーム、メレンゲのサクサク感、生クリームが三位一体となったおいしさが誰をも魅了する。カフェで提供する際の、栗の香りを閉じ込めたスモークの演出も見事。季節限定品のほか、テイクアウトメニューも充実しているので大須の食べ歩きのお供としてもぴったりだ。

大須観音 わぐりモンブランせんもんてん くりん

052-304-8103〈予約不可〉 10席

名古屋市中区大須3-37-40／11:00～19:00（LO18:30）／不定休／地下鉄大須観音駅2番出口から徒歩5分

3.

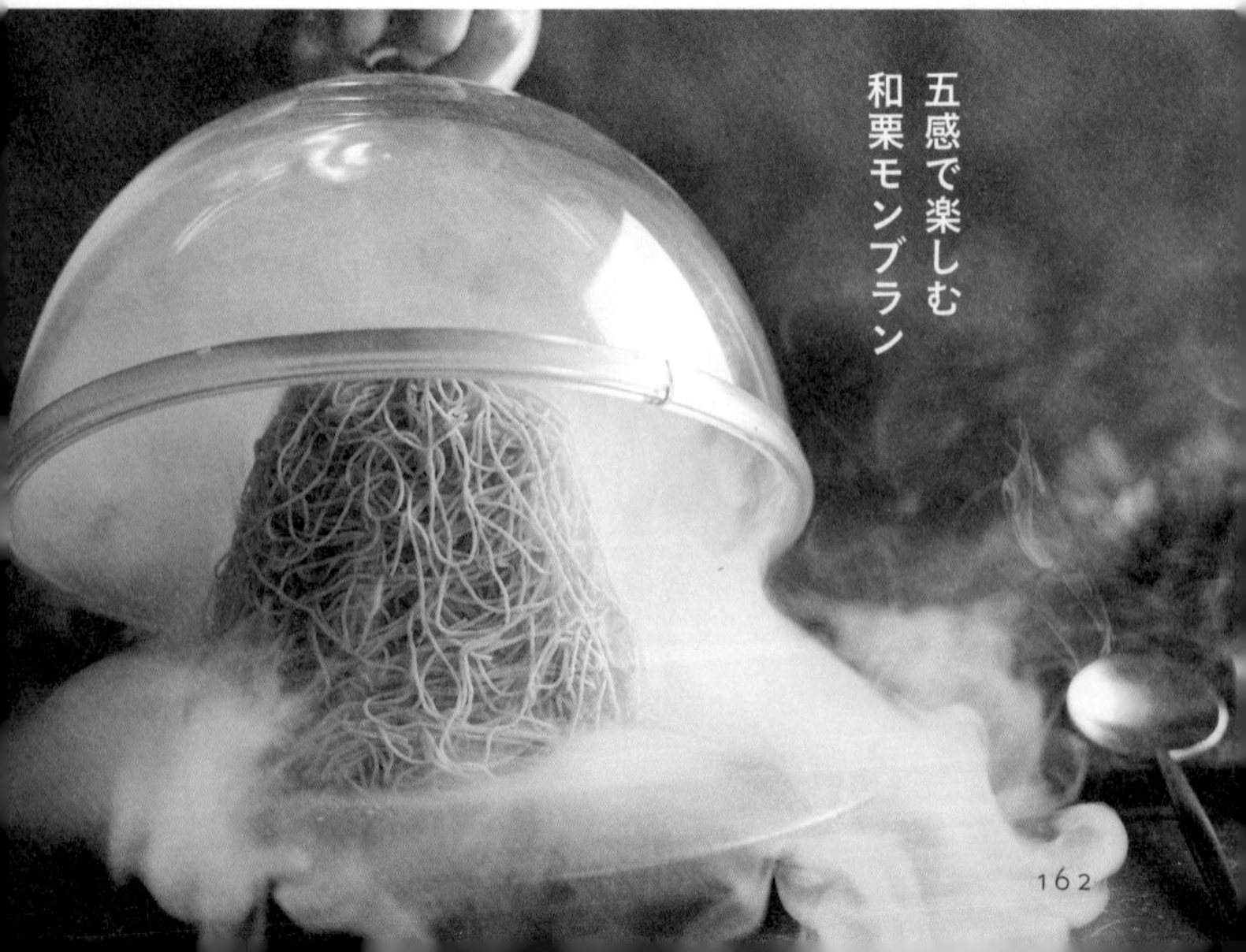

1.

2.

1.「名古屋でおいしいかき氷のお店は」と聞くと、必ずといっていいほど名前が挙がる名店　2.アットホームな雰囲気　3.しろみつ、くろみつなどかき氷は330円～

143
甘味や 澤田商店

戦前から続く氷問屋が営む甘味処。店の主役であるかき氷は、ふわふわで口溶けのよさが特徴的。産地や製法にこだわって仕入れた素材で作るシロップとの相性も抜群で、上質な氷のおいしさをダイレクトに楽しめると評判だ。開業当初から不動の人気を誇る「くろみつ」３３０円のほか、ひやしあめなどスタンダード氷は、どれも懐かしい味わい。築80年の古民家をリノベーションしたカフェのような店内で、昔ながらの味わいを堪能したい。

伏見　かんみや さわだしょうてん

052-231-4162〈2F貸切個室のみ予約可〉　30席

名古屋市中区栄1-13-31／11:30～19:00（11～3月は日曜、祝日のみ～18：00）／火曜休／地下鉄伏見駅7番出口から徒歩8分

3.

氷の旨さ際立つ 氷問屋のかき氷

144
喫茶ゾウメシ
P.145

ミルクアイスとさくらんぼがのった、昔ながらのクリームソーダ。変わった形のスプーンとゾウ形のクッキーがかわいい。純喫茶風の落ち着いた店内で、ゆっくりと味わいたい。

レトロなルックス♪
クッキーもキュート

クリームソーダ（クッキー付き）各726円は3種類

145
Lyrical coffee donut
P.137

セミドライフルーツの
爽やかな甘さが◎

ドライフラワー専門店に隣接するカフェ。かわいい花々に囲まれた空間で、フォトジェニックな手作りドーナツと個性豊かなドリンクがいただける。

自家製ドライフルーツティー 660円

クリームソーダ600円

146
シヤチル
P.145

キラキラと輝く
淡色のクリームソーダ

「グランド喫茶」としてモーニングから夜まで喫茶メニューが楽しめるこの店のクリームソーダは、淡い色合いと一気飲みしたくなる爽やかな飲み口が特徴。ほどよい甘さとほのかな酸味のラムネ感も評判だ。

果実感を感じる
アイスが絶品

2.

1.

147
夏空 natsu_sora
▷P.133

パフェで評判の「夏空」のもう一つの人気商品が季節限定のクリームソーダ。フルーツの果肉を感じるさっぱりとした味わいのジェラートと、清涼感のある淡く輝くソーダ水が奏でる上質な味わいを堪能して。

1.メロンアイスのクリームソーダ700円はキュートなグラスも印象的　2.もものクリームソーダ700円

まるでパフェのような
フルーツ満載のシェイク

テッパンのコンビ!
乙女カラーがよき♡
見よ!リンゴのタワー
32
orchard

(左から)チョコバナナ918円、イチゴ1242円、リンゴ1134円

148
32orchard Fruit Stand ▷P.159

青果の仲卸が直営するスイーツショップで人気のフルーパは、北海道産の濃厚なソフトとフルーツで作るシェイクの上にフルーツをたっぷり盛ったドリンク。しっかりと甘いリンゴや国産イチゴなど素材も厳選している。

NAGOYA GOURMET COLUMN-⑤

喫茶店カルチャーの異端児？ ㊎エンタメ喫茶をレポート

脚立からカップに向かってこぼすことなく注ぐ神業や、
皿からはみ出すほど盛られたパフェが名物の喫茶店へ潜入！

怪 その1 脚立から注ぐ液体の怪

昭和21年創業の老舗喫茶店。2代目店主の都築憲幸さんと3代目の秀紀さんは、実はスゴ技を持つ有名人だ。その技とは、脚立の上からカフェオレを注ぐ〝地獄落とし〟。お客さんの口に直接注ぐという荒技もあり、「ぜひ体験したい」と全国から人が訪れる。

泡立ったカフェオレ550円は適度に空気が混ざり、まろやかな味わいに。量もたっぷり

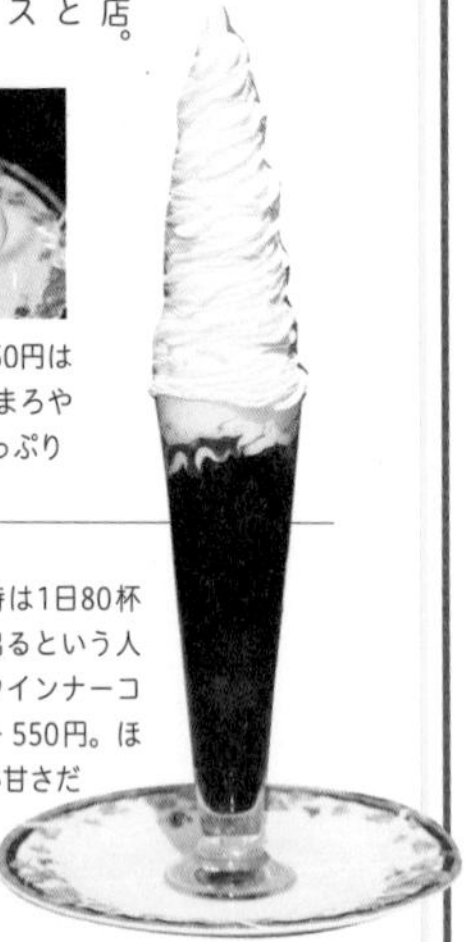
多い時は1日80杯以上出るという人気のウインナーコーヒー 550円。ほどよい甘さだ

怪 その2 盛りすぎメニューの怪

名物はカフェオレだけではない。ホイップクリームが積まれたウインナーコーヒーも驚きの容姿だ。あっさりとしたクリームとコクのあるコーヒーが絶妙に混ざり合い、飲み応え十分。ほかにも季節のフルーツとアイスクリームをたっぷりと盛り込んだパフェなど、感動的なビジュアルのスイーツも評判だ。

10種以上のフルーツと3種のアイスクリームが入る豪快なプリンパフェ1100円。要予約

喫茶ツヅキ

中村区役所 きっさツヅキ

052-482-0001〈予約不可 ※プリンパフェは要予約〉 40席

名古屋市中村区太閤通6-1／7:30～19:00（LO18:00）／無休／地下鉄中村区役所駅1番出口から徒歩7分

NO. 150→163

巻末付録

名古屋駅
グルメ

NAGOYA
GOURMET CATALOGUE
THE BEST SELECTION
160

（新幹線に飛び乗る前に！）

Gourmet Spot Around

NAGOYA sta.

駆け込める名古屋グルメを押さえたい！

JR名古屋駅直結＆新幹線改札すぐの地下街には
名古屋のグルメ、土産が勢ぞろい！

GOURMET

新幹線改札近辺の駆け込みメシ

新幹線地下街エスカ MAP Ⓐ

新幹線の改札口からすぐの地下街。エスカレーターで下りると、名古屋の定番グルメから土産処、カフェなど全71店舗がそろう。観光のシメに名古屋メシをテイクアウトするのもあり。

- ひつまぶし 名古屋 備長
- きしめん よしだ
- みそかつ 矢場とん
- 魚介みりん粕漬 鈴波
- 元祖手羽先唐揚 風来坊
- カレーうどん 若鯱家
- 四川酒家 想吃坦坦麺
- コメダ珈琲店、ほか

名駅　しんかんせんちかがいエスカ

052-452-1181（代表）〈予約は店舗により異なる〉 店舗により異なる

名古屋市中村区椿町6-9先／10:00～20:30（店舗により異なる）／2月第3木曜・9月第2木曜休／JR名古屋駅太閤通口から徒歩1分

※店舗により異なる

名古屋うまいもん通り MAP Ⓑ

JR名古屋駅改札外一帯に広がる一大グルメ街。名古屋めしや待ち合わせに便利なカフェのほか、全国各地のラーメンが集まった驛麺通りも人気。ご当地スイーツ「ぴよりん」もここで買える。

- まるは食堂
- 山本屋本店
- 味仙
- スパゲッティハウス チャオ
- 炭火焼肉スギモト
- まるや本店
- ぴよりんshop
- 驛釜きしめん、ほか

名駅　なごやうまいもんどおり　 店舗により異なる

名古屋市中村区名駅1-1-4 JR名古屋駅内／店舗により異なる／無休／JR名古屋駅直結

※店舗により異なる

NAGOYA STATION MAP

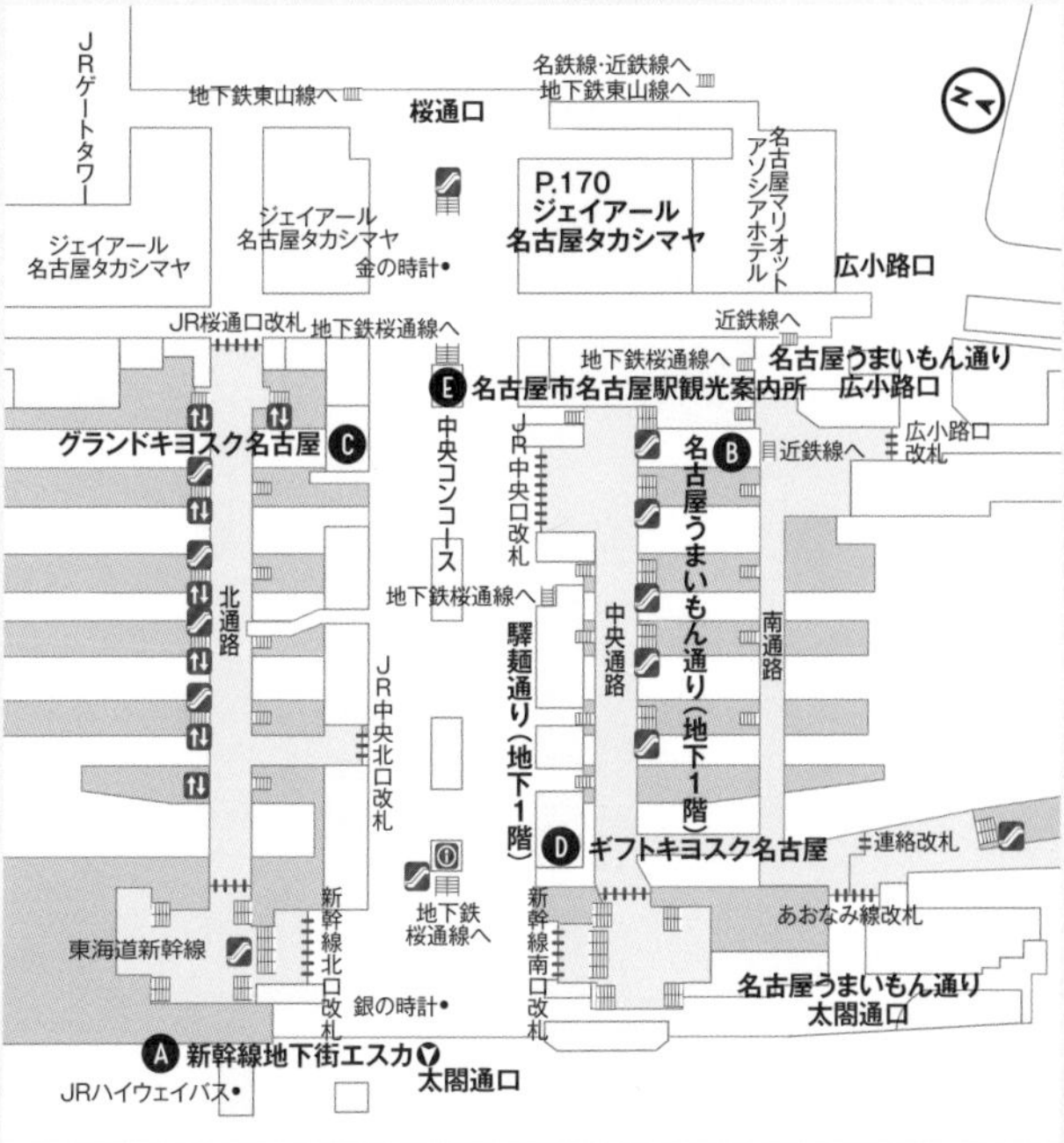

TOURISM

観光の前にGO!

名古屋市名古屋駅観光案内所 MAP E

名古屋市の公式観光案内所。公共交通機関の使い方はここで聞くのが一番。観光名所やイベントチラシなどもそろう。英語対応も可。

JR名古屋駅中央コンコース内／8:30〜19:00／無休／JR名古屋駅直結

SOUVENIR

名古屋土産も駆け込みでGET！

ギフトキヨスク名古屋 MAP D

新幹線南改札口に近い大型のギフト専門店。定番の名古屋土産から老舗の銘菓、人気スイーツまで、魅力的なお土産が豊富にそろう。

☎ 052-562-6151
JR名古屋駅中央コンコース内／6:30〜22:00／無休／JR名古屋駅直結

グランドキヨスク名古屋 MAP C

名古屋駅最大のギフトショップ。名古屋を代表する銘菓や定番土産のほか、こだわりのご当地弁当などデイリー商品も取り扱う。

☎ 052-562-6161
JR名古屋駅中央コンコース内／6:15〜22:00／無休／JR名古屋駅直結

Gourmet Spot Around
NAGOYA sta.

名古屋駅直結！ 駆け込みOK！

ジェイアール 名古屋タカシマヤ 美食案内

2020年に開業20周年を迎え、食品売り場を大規模リニューアルした「ジェイアール名古屋タカシマヤ」。最新のデパ地下で買える、名店弁当&スイーツを紹介！

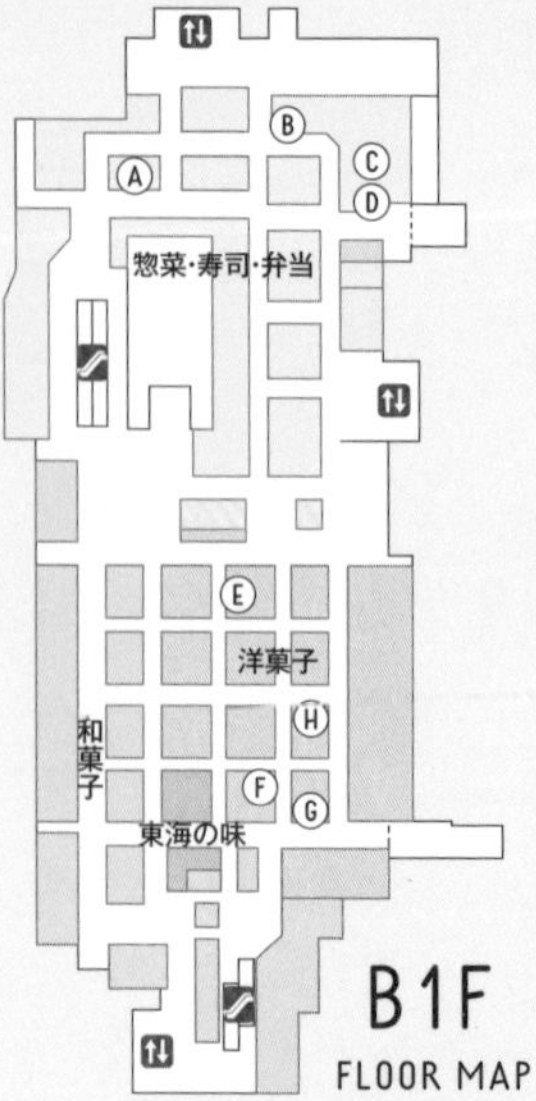

名古屋 名店弁当編

目と舌で楽しめる老舗の美味！

八百彦本店 MAP Ⓐ
「味重ね」
1080円

創業享保年間、名古屋城下で300余年の歴史を重ねる老舗の仕出し料理店「八百彦本店」。毎朝、その日使う分だけの鰹を削ってダシを取り、季節の素材を彩りよく仕上げた弁当は、フタを開けた時の感動も楽しみの一つ。伝統の味と技を大切にした老舗の味をバラエティ豊かにバランスよく盛り合わせた「味重ね」をはじめ、2段折りの「室町」1620円なども人気。

名料亭の味わいを
ひと箱に凝縮

料亭 つたも MAP Ⓑ

「那古野」

1296円

大正2年に創業以来、地元の名士に愛されてきた名店「料亭 つたも」の味をお値打ちに楽しめる弁当は、常時6～8種類用意。中でも、2種類のご飯に豚ヒレ肉の生姜焼きや油カレイの南蛮漬、煮物や揚げ物などがバランスよく入った「那古野」が定番人気だ。

名古屋コーチンの
味わいを堪能

尾張さんわ屋 MAP Ⓒ

「月見つくね弁当」

864円（1日10折限定）

名古屋コーチンを、日本を代表するブランド鶏に育て上げた、養鶏産業のパイオニア「さんわ」の鶏肉総菜＆弁当の専門店「尾張さんわ屋」。純系名古屋コーチンを使った鶏めしや、半熟玉子を包んだ名古屋コーチン入りつくねなど自慢の味づくしを楽しもう。

しら河 MAP Ⓓ

「うなぎまぶし」

2592円

名古屋人に親しまれるうなぎ和食「しら河」の人気弁当は、短冊状に切った鰻をご飯の上にたっぷり敷き詰めた「うなぎまぶし」。こだわりの国産鰻を蒸さずに焼くため、表面はパリッと、身はふんわりとした仕上がり。秘伝のタレが鰻の旨みを一層引き立てる。

名古屋土産にも！
贅沢な鰻弁当

マダム・ピエール＝オジェ by モンシェール MAP Ⓔ

「フルール S」

2484円

2020年10月に登場した「マダム・ピエール＝オジェ by モンシェール」は、堂島ロールで有名なパティスリー「モンシェール」が、〝エレガンス〟をコンセプトに手がける新ブランド。花をモチーフにした商品を展開する中でも注目度大なのが「フルール」。しっとりふわふわの卵風味の生地に、生乳香る堂島ロールのクリームとイチゴをサンドし、北海道産手亡豆の白あんでフラワーデコレーション。まるで芸術品のように優雅な逸品はギフトに最適。

カフェ タナカ MAP Ⓕ

「ビスキュイ・シンプリシテ」

30枚入2700円

名古屋市北区にある老舗喫茶店であり、人気パティシエ・田中千尋氏のパティスリー「カフェ タナカ」。この店で人気のクッキー缶の専門店が登場。フランス産AOPバターを存分に楽しめるようシンプルを極めた素材で作られたビスキュイは、贅沢な味わい。優雅なティータイムのお供にぜひ。

日本初上陸の
ビスキュイ専門店

ヴァンサン ゲルレ ビスキュイ フランセ MAP Ⓖ

「ガトーナンテ」

1個432円

フランス北西部のナントに本店を構える、世界的にも人気のパティスリー「ヴァンサン ゲルレ」の日本初のビスキュイ専門店。バターとアーモンドが香る伝統的なナント銘菓に、彩り豊かなフレーバーを加えた「ガトーナンテ」をはじめ、伝統とエスプリが香る多彩なフランス焼き菓子がそろう。

東海初！
フランス発の
可憐なエクレア

レクレール・ドゥ・ジェニ MAP Ⓗ

「エクレア」

1個486円〜

オーナーパティシエのクリストフ・アダン氏が、パリの流行発信地・マレ地区で展開するエクレア専門店が東海地区初上陸。独創的なレシピによるおいしくてカラフルなエクレアは、スイーツ好きの人を虜にすること間違いなし。ピスターシュやショコラなど、パリ本店で人気の味をはじめ、季節限定の味わいも楽しみ。

名駅 **ジェイアールなごやタカシマヤ**

✆052-566-1101〈予約は各店舗ごと〉

名古屋市中村区名駅1-1-4／10:00〜20:00
(一部店舗により異なる)／不定休／ JR名古屋駅直結

INDEX

編集　横井直子

取材・執筆　小山芳恵、河野好美、木下美由紀、山下淳、久保愛

編集協力　白山佳子

撮　影　中垣聡、水野由佳

地図制作　石嶋弘幸、s-map

表紙・中面イラスト　中山信一

表紙・本文デザイン　八木孝枝

企画・編集　朝日新聞出版 生活・文化編集部（白方美樹）

名古屋おいしい店カタログ

2021年4月30日 第1刷発行

編　著　朝日新聞出版
発行者　橋田真琴
発行所　朝日新聞出版
〒104-8011 東京都中央区築地5-3-2
電話（03）5541-8996［編集］
（03）5540-7793［販売］
印刷所　大日本印刷株式会社

Published in Japan by Asahi Shimbun Publications Inc.
ISBN 978-4-02-333997-2